Böhm/Röhring/Kleinoth

Häfen der Riviera aus der Luft

Häfen der Riviera aus der Luft

Von der spanischen Grenze
bis zum Golf von La Spezia

Text und Zeichnungen:
Barbara Böhm
Klaus-Jürgen Röhring

Fotos: Peter Kleinoth

Delius Klasing Verlag

Inhaltsverzeichnis

	Seite
Einleitung	5
1 Languedoc-Rouissillon Von der spanischen Grenze bis zur Rhônemündung	6
2 Provence Von der Rhônemündung bis zum Cap de Saint-Tropez	56
3 Côte d'Azur Von Saint-Tropez bis zur italienischen Grenze	90
4 Italienische Riviera Von der französischen Grenze bis zum Golf von La Spezia	152
Wissenswertes von A bis Z	193
Register	198

Einleitung

Riviera – Küste der Sonne – Synonym für Urlaub, Sonne, Wärme, strahlend blauer Himmel, zauberhafte Landschaften in vielfältigen, abwechslungsreichen Erscheinungsformen mit breitem Farbenspektrum, tiefblaues Wasser, Strand, Palmen, Pinien- und Korkeichenwälder, exotische Pflanzen, Blütenpracht und Wohlleben bei gutem Essen und köstlichem Wein.

Seit mit der Aufklärung im 18. Jahrhundert der Müßiggang, das süße Nichtstun und die Erholung nicht mehr mit dem Makel der Sünde behaftet waren, begann der unaufhaltsame Aufstieg der Riviera zu Europas beliebtester Ferienküste. Die ersten Gäste kamen im Winter, um dem Zugriff von Eis und Schnee zu entfliehen. Die Pyrenäenausläufer, die Cevennen, die Seealpen und der Apennin schirmen die Riviera vor den kalten Nordwinden ab, und die Tagestemperaturen sinken auch im Winter selten unter 8 bis 10 °C ab.

Über 100 Jahre blieben die Seebäder reine Winterkurorte; erst 1927 beschloß die Hoteliervereinigung von Nizza und Cannes, ihre Hotelpaläste auch im Sommer offenzuhalten. Heute ist es eher umgekehrt: Zahlreiche Hotels und Ferieneinrichtungen sind im Winter geschlossen.

Vorreiter des Tourismus waren wie an vielen anderen Orten Europas die seit eh und je reiselustigen Engländer, die ihrer kalten, regnerischen und nebelverhangenen Insel im Winter entfliehen wollten. Den Engländern folgten Mitte des vorigen Jahrhunderts die Künstler, allen voran Maler, die sich von den fantastischen Farben der Landschaft zu zahlreichen Meisterwerken inspirieren ließen. Im Gefolge der Künstler kamen die Kunstliebhaber, Freunde und die große Schar derer, die sich im Ruhm der Künstler sonnten.

Mit dem wirtschaftlichen Aufschwung in Europa – vor allem in Nordeuropa – nach dem Zweiten Weltkrieg begann die Zeit des Massentourismus. Zu den großartigen Hotelpalästen gesellten sich zahllose Hotelneubauten, Bungalowsiedlungen, Appartementhochhäuser und Campingplätze. Höhepunkt dieser Entwicklung war die 1963 von der französischen Regierung beschlossene Erschließung des Languedoc-Roussillon zu einer einzigartigen Ferienlandschaft.

Nutznießer ist auch der Yachtsport. Moderne Yachthäfen, die nach einem mehr oder minder anstrengenden Tag sichere und bequeme Liegeplätze verheißen, sind überall an der Küste entstanden. Manchmal ist es geradezu schwierig, sich zu entscheiden, welchen Hafen man anlaufen soll, so dicht liegen sie oft beieinander.

Die Zahl der gemütlichen kleinen Fischerhäfen ist indessen zurückgegangen. Für ihre Unterhaltung wird oft nichts mehr getan, so daß sie teilweise versanden. Damit einher geht der Rückgang des traditionellen Fischfangs mit kleinen Booten. Die jungen Männer sind heute immer weniger bereit, den harten und entbehrungsreichen Beruf des Fischers auf sich zu nehmen.

Der Faszination der verschiedenartigen Landschaftsbilder, die die Riviera dem Besucher präsentiert, kann man sich nur schwer entziehen. Diese Landschaft ist erst vor 60 Millionen Jahren entstanden und noch immer in Bewegung. Durch Auffaltung entstand die Gebirgslandschaft; nachfolgende Einbrüche schufen Raum für Wasser – eben das Mittelmeer. Vulkane, seismische Aktivitäten sowie Hebung und Senkung der Küste beeinflussen noch heute die Landschaftsformen.

Aber auch die großen Flüsse, allen voran die Rhône, verändern durch Ablagerungen und Anschwemmungen das Bild der Küste. Früher am Meer gelegene Städte wie Narbonne, Béziers, Aigues-Mortes und Fréjus liegen heute kilometerweit im Landesinnern.

Die amphibische Landschaft des *Languedoc-Roussillon* mit ihren Lagunen, Strandseen und Sümpfen wird hier und da von vorspringenden Hügeln, wie bei Sète und Cap d'Adge, unterbrochen. Die Camargue, ein durch Ablagerungen der Rhône entstandenes Schwemmland, schiebt sich ständig weiter ins Meer vor. Erst die Kanalisierung und Regulierung der Rhône, womit 1934 begonnen wurde, konnten diesen Prozeß zum größten Teil eindämmen. In dem riesigen Delta der Rhône sind zahlreiche Lagunen entstanden, die heute beliebte Wassersportreviere sind.

Die Steilküsten der *Calanques* westlich und östlich von Marseille faszinieren jeden, der in geringem Abstand daran entlangfährt. Stellenweise steigt der weiße Kalkstein oder rote Porphyr 200 m steil aus dem Meer auf, und wer je in einem der tiefen, fjordartigen Einschnitte geankert hat, wird dieses Landschaftserlebnis nicht so schnell vergessen.

Die *Côte d'Azur* mit ihren vorgelagerten Inseln und den tiefen Golfen überrascht durch ihre Vielfalt: Weite Buchten mit Sandstränden werden durch die zum Teil bewaldeten Hänge des Massif des Maures und des Massif de l'Estérel mit seinen steil aus dem Meer aufsteigenden Porphyrfelsen unterbrochen, ehe sich die Ausläufer der Seealpen östlich von Nizza ans Wasser schieben.

An der italienischen *Riviera di Ponente*, dem Küstenstrich von der französischen Grenze bis Genua, senkt sich das Gebirge in sanften Hügeln zum Meer, und die Städte und Dörfer liegen an weiten Sandbuchten. Südlich von Genua, an der *Riviera di Levante*, steigen die Berge des Apennin steil aus dem Wasser auf. Malerische Ortschaften kleben an den Felsen, die nur hier und da kleine, intime Buchten bilden und nur selten größere Ansiedlungen an der Küste zulassen.

Aber es ist nicht nur die faszinierende Landschaft, die den Besucher an die Riviera lockt. Seebäder mit wohlklingenden Namen, mit denen man Eleganz vergangener Zeiten, mondäne Gäste, Blut- und Geldadel assoziiert, wie Saint-Tropez, Saint-Raphaël, Juan-les-Pins, Antibes, Cannes, Nizza, San Remo, Portofino, Rapallo und, nicht zu vergessen, Monte Carlo im Zwergstaat Monaco, ziehen jährlich ein Millionenheer von Touristen an.

Über all den Reizen der Küste sollte man das Hinterland nicht vergessen, dessen Landschaftsbilder nicht minder faszinierend sind und in dessen Ruhe und Beschaulichkeit nur wenige Kilometer vom Touristenrummel der Küste entfernt einem auf Schritt und Tritt die Zeugen einer über zweitausendjährigen Kultur begegnen.

1 Languedoc-Roussillon

SPANISCHE GRENZE BIS RHÔNEMÜNDUNG

Der alte Handels- und Fischerhafen Port-Vendres, über den bis zur Unabhängigkeit Algeriens der Fähr- und Güterverkehr mit der einstigen nordafrikanischen Kolonie Frankreichs abgewickelt wurde. Auch heute noch beherrschen Passagier- und Frachtschiffe das Bild des Hafens

1 *Der Handels- und Fischerhafen Port-Vendres*

2 *Banyuls, erster Yachthafen nördlich der spanischen Grenze mit Zollamt zum Einklarieren*

3 *Der spanisch anmutende Badeort Colliure liegt in einer malerischen Bucht*

4 *Bei Argelès-sur-Mer beginnt die flache Lagunenlandschaft des Languedoc-Roussillon, die sich im Bild bis an den Horizont hinzieht*

5 *In Saint-Cyprien, dem südlichsten der großen Ferienzentren des Languedoc-Roussillon, gibt es eine Supermarina für Yachten jeder Größe*

3

4

5

1 *und* **2** *Eine weiträumige Lagunenstadt ist neben dem großen Yachthafen das Herzstück des Ferienzentrums Saint-Cyprien. Man kann hier mit seiner Yacht vor der eigenen Haustür anlegen*

3 *und* **4** *Nur 5 sm nördlich von Saint-Cyprien liegt Canet-Plage, das nächste neue Ferienzentrum des Languedoc-Roussillon mit einem großen Yachthafen. Appartementhochhäuser und eine Lagunenstadt bestimmen das Bild des Hafens*

1

2

3

4

1

2

3

1 *bis* **3** *Port Barcarès an der südlichen Zufahrt zum Étang de Salses, auch Étang de Leucate genannt, ist eine gigantische Lagunenstadt, die sich am Ostufer des Étang de Salses bis Port Leucate erstreckt. Port Barcarès gehört zu den großen Ferienzentren des Languedoc-Roussillon, die in den letzten Jahren entstanden sind*

1 und 2 Die Lagunenstadt Port Barcarès

3 Der Außenhafen von Port Barcarès mit den Liegeplätzen für Gäste. Die Straßenbrücke mit nur 10 m Durchfahrtshöhe versperrt größeren Yachten die Zufahrt zum Étang de Salses

4 Port Leucate bietet in seinen Hafenbecken komfortable Liegeplätze

1

2

3

1 Durch den Vorhafen und den Étang du Grazel erreicht man den Yachthafen von Gruissan, der inmitten eines Ferienzentrums liegt. Auf der Nehrung die Pfahlbauten von Gruissan-Plage

2 Zwei Becken des Yachthafens von Gruissan. Im Hintergrund die Zufahrt zum Étang de Gruissan

3 Ein weiteres Becken von Gruissan

4 Die malerische Altstadt von Gruissan

5 Der alte Yachthafen Barberousse am Canal du Grazel und der Fischerhafen von Gruissan

1

2

1 *Hafenanlagen in der Mündung des Flusses L'Aude und der kanalisierte Abfluß des Étang de Vendres*

2 *Narbonne-Plage. Die schönen Strände nördlich und südlich des Yachthafens locken an Wochenenden zahlreiche Badegäste aus Narbonne an*

3 *Valras-Plage ist der erste Yachthafen am Fluß Orb. Auch an den größtenteils befestigten Ufern kann man festmachen*

4 *Ein Hafen für kleine Sportboote im Fluß L'Aude*

5 *Port de l'Orb, der zweite Yachthafen im Fluß Orb, ist wegen seiner malerischen und ruhigen Lage beliebt. Von hier ist es nicht mehr weit bis zu dem bezaubernden Städtchen Béziers*

3

4

5

1 *Le Grau d'Agde. In der kanalisierten Mündung des Flusses Hérault finden Yachten an den Ufern zahlreiche Liegemöglichkeiten*

2 *Île Brescou mit dem Fort, das lange Zeit als Gefängnis diente*

3 *Die Einfahrt in die neue Riesenmarina Cap d'Agde wird vom Fort Brescou bewacht*

1

2

1 und 2 Die Marina Cap d'Agde ist Bestandteil der neuen Lagunenstadt. Enge Straßen, Promenaden, Fußgängerzonen und Terrassen in mediterranem Stil sind geschickt um die Hafenbecken gruppiert. Auf Bild 1 unten der Wasserspielplatz „Aqualand" mit den in sich verschlungenen Wasserrutschen

3 Das alte Fischerstädtchen Agde liegt heute fast 4 km flußaufwärts an der Kreuzung des Flusses Hérault mit dem Canal du Midi. An den befestigten Flußufern herrscht im Sommer oft drangvolle Enge und an der Uferpromenade geschäftiges Treiben

3

Angelehnt an die Ausläufer der Pyrenäen im Süden, erstreckt sich der Languedoc-Roussillon bis zur Rhônemündung. Das bis 1963 noch kaum besiedelte Sumpf- und Lagunenland ist zu einer der größten zusammenhängenden Urlaubslandschaften Europas geworden. Gigantische künstliche Ferienzentren reihen sich wie an einer Perlenschnur an der Küste aneinander, jedes mit einem großen Yachthafen.

Cerbère

In dem kleinen Schutzhafen inmitten der hoch aufragenden Felsenausläufer der Pyrenäen besteht die erste Möglichkeit, nördlich der spanischen Grenze bei ruhigem Wetter eine Nacht zu verbringen. Nur Yachten bis 1,50 m Tiefgang können hinter dem Wellenbrecher anlegen; größere ankern östlich davon auf gut haltendem Sandgrund.

Die Hafenbucht liegt nördlich von *Cap Cerbère.* Das Leuchtfeuer an dem steil ins Meer abfallenden Hang erleichtert die Ansteuerung. An der Nordseite der Bucht und auf dem Molenkopf brennen weitere Feuer.

Sicherere und ruhigere Liegemöglichkeiten findet man in

Banyuls

einem hübschen Ferienort dicht an den Ausläufern der Pyrenäen. Der Hafen bietet etwa 300 Yachten bis 12 m Länge und 2,50 m Tiefgang sichere und bequeme Liegeplätze an Stegen und Kais. Er ist mit allen Einrichtungen einer modernen Marina ausgestattet.

Bei der Einfahrt sollte man die grüne Leuchttonne unbedingt an Steuerbord lassen. Sie markiert die der kleinen Felseninsel *Île Petite* und der Westmole vorgelagerte Untiefe. Ist der Hafen – was im Sommer häufig vorkommt – überfüllt, so kann man in der Bucht unmittelbar westlich der Hafeneinfahrt auf 3 bis 5 m Wassertiefe ankern.

Nördlich dieser Bucht, hinter einer kleinen Felshuk, erstreckt sich die *Plage d'Elmes,* ein vielbesuchter Badestrand.

Aus Spanien kommende Yachten können in Banyuls einklarieren. Um den Hafen herum liegen mehrere Lebensmittelgeschäfte, Restaurants und Cafés. Die größte Sehenswürdigkeit des Ortes ist eine aus dem 13. Jahrhundert stammende Kirche.

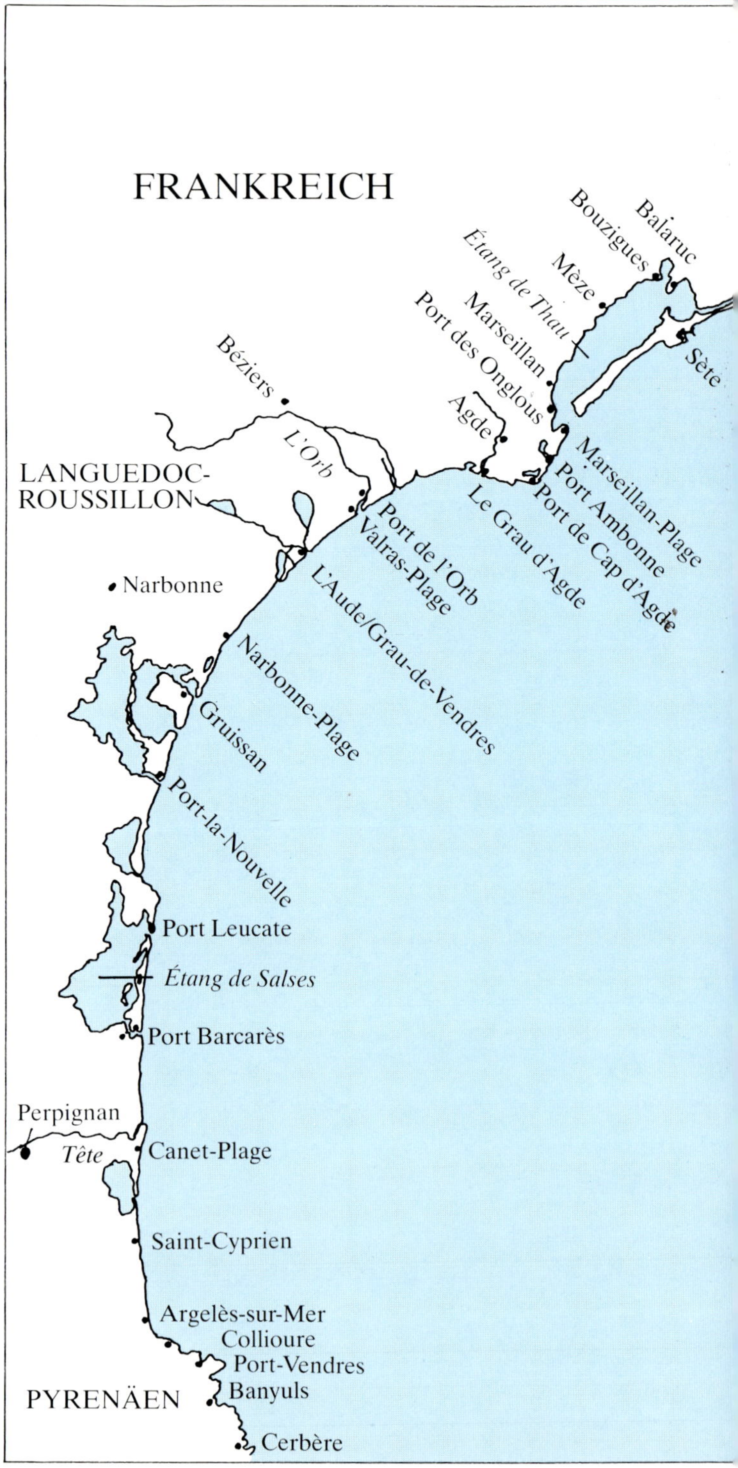

Port-Vendres

Der Handels- und Fischerhafen liegt in einer natürlichen Einbuchtung. Von hier aus wurde bis zur Unabhängigkeit Algeriens der Fährverkehr mit der einstigen nordafrikanischen Kolonie Frankreichs abgewickelt. Für Yachten stehen im hinteren Hafenbecken an den Steganlagen etwa 250 Liegeplätze zur Verfügung mit den Annehmlichkeiten einer modernen Marina.

Die Ansteuerung wird durch das markante *Cap Béar* mit seinem Leuchtfeuer ebenso erleichtert wie durch die beiden Richtfeuer (197°). Einlaufende Yachten machen zunächst ganz hinten am westlich gelegenen *Quai de la Douane* vor dem Zollamt fest, wo ihnen vom Hafenmeister ein Liegeplatz zugewiesen wird.

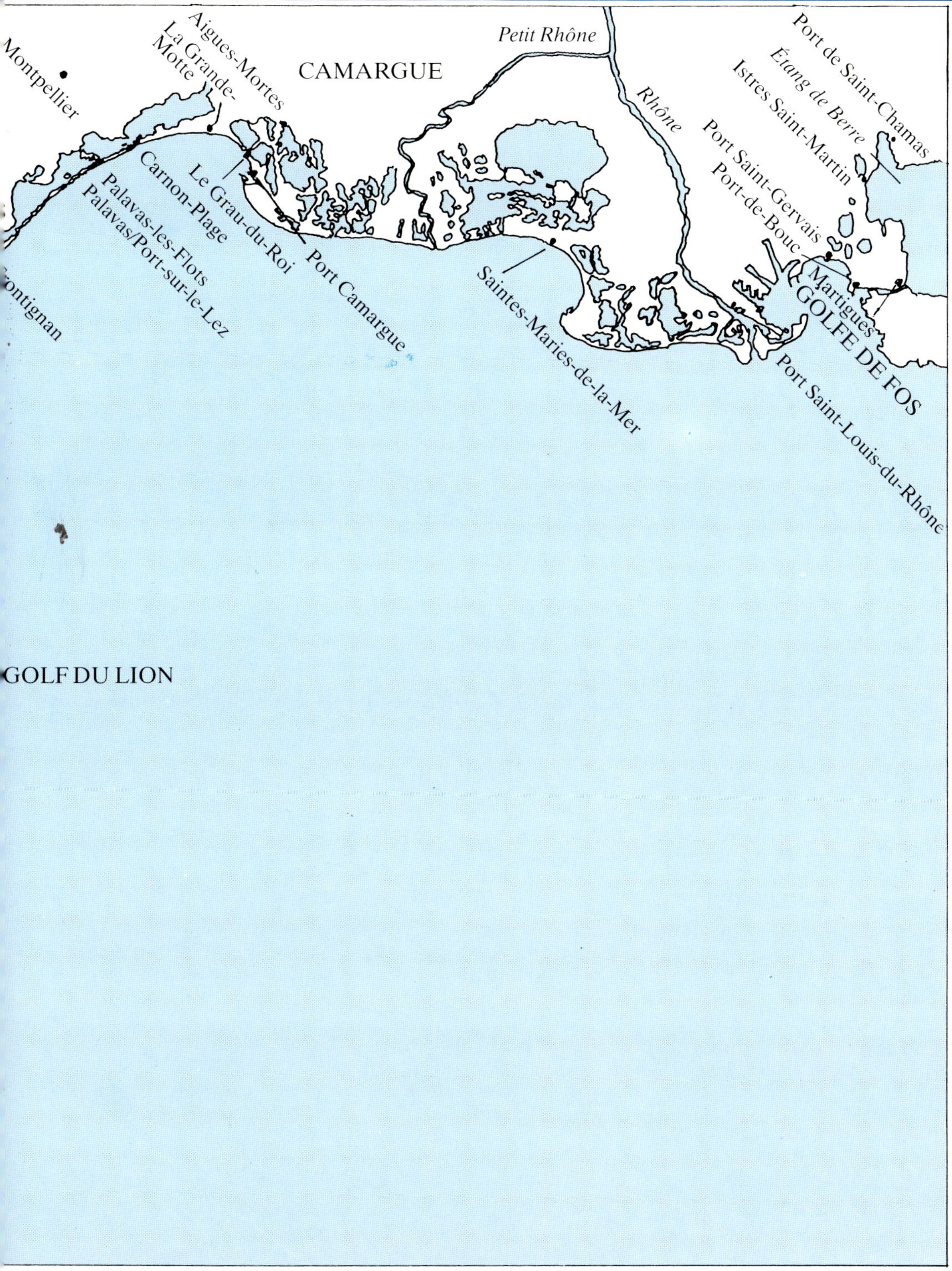

In der Nähe des Hafens befinden sich ein Einkaufszentrum mit Geschäften für den täglichen Bedarf sowie mehrere Restaurants und Cafés.

Collioure

ist ein spanisch anmutender Badeort inmitten einer von steilen Felsen umgebenen Bucht, die durch zwei ins Meer hineinragende Felsnasen unterteilt wird. Auf der einen erhebt sich trutzig eine Burg, die andere wird von einer Kirche überragt, deren Turm als Leuchtturm dient. Im Herzen der Bucht liegt der kleine alte Hafen, in dem Yachten bis maximal 1,50 m Tiefgang anlegen können. Größere Yachten ankern je nach Windrichtung im Nord- oder Südteil der Bucht auf 5 bis 9 m Wassertiefe.

Die Ansteuerung ist außer

Collioure

bei auflandigem Wind problemlos – die Burg und die Kirche sind schon von weitem gut auszumachen.

Längs der Bucht erstreckt sich eine Promenade, auf der Künstler ihre Werke ausstellen – späte Nachfahren der Fauves (der Wilden), die Collioure schon früh für sich entdeckten. Der erste und bekannteste der Fauves war Henri Matisse. Anfang dieses Jahrhunderts verbrachte der Hobbymaler und hauptberufliche Rechtsanwaltsgehilfe hier zusammen mit Frau und Kindern einen Sommerurlaub. Als er bei seiner Abreise die Miete für das Ferienhaus nicht bezahlen konnte, wollte er vergeblich seine Bilder in Zahlung geben. Doch nur wenige Monate später wurde er auf einen Schlag berühmt.

Die Pariser Kunstkritiker stürzten sich auf die Gründer des Fauvismus, und so wurde auch Collioure bekannt. Stammlokal der Fauves war die alte Herberge „Hôtel des Templiers“. Berühmte Maler wie Matisse, Georges Braque, Salvador Dali und Pablo Picasso wohnten hier. Als Visitenkarte oder zur Bezahlung ihrer Zeche haben sie nicht weniger als 2500 Bilder hinterlassen, die in den Gasträumen hängen.

Im „Hôtel des Templiers“ kann man gut und preiswert essen. Eine gute Adresse ist auch „La Bodega“ am Kanal, mit großen Weinfässern im Stil einer spanischen Bodega eingerichtet. Auf der Speisekarte findet man vorwiegend katalanische Spezialitäten. Entlang des im Sommer meist ausgetrockneten Flußbettes finden sich weitere Restaurants und Straßencafés.

Bei der erwähnten Kirche beginnt ein schwieriger, an der Steilküste entlangführender Kletterpfad. An den Schieferklippen hat die französische Armee einen Ausbildungs- und Übungspfad für Nahkämpfer eingerichtet. Sie sieht es freilich nicht gerne, wenn Touristen diesen Übungspfad als Trimm-dich-Parcours benutzen.

Am 15. und 16. August findet das große Stadtfest statt; einer der Höhepunkte ist eine portugiesische „Corrida“. Am 22. Juli wird die *Fête du Port d'Avalle* veranstaltet mit Tänzen zu katalanischer Musik und mit einem rauschenden Ball.

Die Fauves oder Die Wilden

Fauvismus ist die Bezeichnung für den Expressionismus in Frankreich. Der Begriff ist 1905 als Spottname für die Maler Vlaminck, Derain und Matisse entstanden: Fauves (die Wilden) nannte man sie wegen ihrer unkonventionellen Verwendung von Farben, wobei Blau, leuchtendes Gelb und die Sinnlichkeit ansprechende Farben vorherrschten. Die Bilder der Fauves entstanden getreu der uralten Definition: „Ein Gemälde ist erst in zweiter Linie ein Streitroß, eine nackte Frau oder ein geschichtliches Ereignis; ursprünglich ist es eine Fläche, die mit Farben in einer bestimmten, vom Künstler gewollten Anordnung bedeckt ist.“

Argelès-sur-Mer

Der Yachthafen liegt vor einem der 60 Campingplätze des Ortes, an der Mündung des Flusses La Massanne. Bis zur Fertigstellung der geplanten Anlagen haben hier nur wenige Yachten bis 1,50 m Tiefgang Platz. Größere Schiffe können bei ruhigem Wetter in dem Vorhafen vor Anker gehen. Die Ansteuerung des Hafens ist problemlos, denn die bereits fertiggestellten Molenköpfe sind befeuert.

Der alte Weinort Argelès liegt etwa 2,5 km landeinwärts in einer leicht hügeligen Landschaft mit Obsthainen und Weinbergen. Sehenswert ist die gotische Kirche mit einem berühmten Triptychon.

Im Restaurant „Fruits de la Mer“ im Zentrum von Argelès-sur-Mer gibt es eine hervorragende *Marmite Argelèssienne,* eine Art Ragout mit Muscheln und Tintenfisch. Im „Poivre e Sel“ wird ein sehr gutes *Couscous* serviert, ein arabisches Gericht mit Hammelfleisch und viel Gemüse.

Saint-Cyprien

Der einst eher bescheidene Ferienort mit seinem schier endlosen, wunderschönen Sandstrand gehört heute, nachdem er um eine riesige Lagunenstadt erweitert worden ist, zu den fünf großen Ferienzentren des Languedoc-Roussillon. Der moderne, großzügig angelegte Yachthafen verfügt über 1500 Liegeplätze. Einige weitere hundert Plätze befinden sich in der Lagunenstadt. Der saubere Strand und die Annehmlichkeiten der großen Marina lassen die künstliche Atmosphäre des Ortes schnell vergessen.

Die Ansteuerung ist einfach: Etwa 1 sm östlich des Hafens liegt eine Leuchttonne; der Kopf der Südmole ist befeuert.

Nur etwa 5 sm weiter liegt

Canet-Plage

ebenfalls eine große Marina mit etwa 1000 Liegeplätzen. Sechsstöckige Appartementhäuser und Hotelkomplexe bestimmen das Bild dieser künstlichen Feriensiedlung, in der es im Sommer recht turbulent zugeht.

Canet-Plage ist die „Badeanstalt“ des 10 km entfernten Perpignan. Ein reiches kulturelles Angebot und ein fast italienisch anmutendes Ambiente zeichnen die aus der Römerzeit stammende Stadt aus. Sie wird durchquert von dem Flüßchen Basse mit schönen Grünanlagen, Restaurants und Cafés an beiden Ufern. Sehr originell das „Le Pal-

Seekarten:

D 93
BA 1705
F 1218
CG 511

marium“, das kuppelförmig über das Wasser gebaut ist. Sehenswert sind die schönen, alten Backstein- und Kieselsteinbauten wie das *Castillet,* das *Hôtel de Ville* (Rathaus) und vor allem das *Palais des Rois de Majorque,* das Wahrzeichen der Stadt. Der von Festungsmauern umgebene Palast war einst die Landresidenz der Könige von Mallorca. Heute dient er als Museum, in dem die Geschichte des Roussillon anhand gut beschrifteter Funde und mit Hilfe von Schautafeln dokumentiert wird.

Perpignan – Palais des Rois de Majorque

An warmen Sommerabenden wird am Wochenende auf der *Place de la Loge* nach alter Tradition die „Sardana“ getanzt; meist ist ein kleines Orchester dabei.

Der Besucher findet in Perpignan zahlreiche hervorragende Restaurants wie „Le Perroquet“ und „Chez Grand-mère“ in der Nähe des Bahnhofs sowie das „Relais St-Jean“ nahe der gleichnamigen Kirche im alten Stadtzentrum.

Man kann Perpignan mit dem Beiboot oder einem flachgehenden Motorboot auch auf dem Wasserweg erreichen: Etwa 1 sm nördlich des Hafens von Canet-Plage mündet der Têt, der an Perpignan vorbeifließt.

550 m nördlich des Hafens steht am Strand ein 24 m hoher Leuchtturm mit einem weittragenden Leuchtfeuer, das die nächtliche Ansteuerung wesentlich erleichtert. Weiterhin ist der südliche Molenkopf befeuert.

Port Barcarès

An der südlichen Zufahrt des Étang de Salses, auch Étang de Leucate genannt, liegt das nächste große Ferienzentrum des Languedoc-Roussillon. Fast das gesamte westliche Ufer des Étangs wird von einer riesigen Lagunenstadt eingenommen, wobei Port Barcarès und Port Leucate ineinander übergehen. Ein fast 10 km langer und nur wenige hundert Meter breiter Sandstreifen trennt den Étang de Salses vom Meer.

Der Yachthafen von Barcarès bietet etwa 300 Yachten bequeme Liegeplätze. In der Lagunenstadt stehen an die 1000 Liegeplätze vornehmlich für kleinere Yachten zur Verfügung. Die Zufahrt zur Lagunenstadt wird von einer Straßenbrücke mit 10 m Durchfahrtshöhe überspannt.

Etwa auf halbem Wege zwischen Barcarès und Port Leucate liegt am Strand das hier aufgelaufene ehemalige Passagierschiff „Lydia“, heute Hotel-Restaurant.

Port Leucate

An der nördlichen Einfahrt zum Étang de Salses gelegen, bietet diese Riesenmarina 1100 Liegeplätze. Die Lagunenstadt wird durch einen 4 m tiefen Vorhafen geschützt, dessen Molenköpfe befeuert sind. Weitere Feuer brennen an den Einfahrten zu den verschiedenen Hafenbecken, die durchgängig 3 m tief sind.

Bei starkem Wind aus Ost und Nordost ist von einem Anlaufen des Hafens dringend abzuraten.

Das Gigantische der Anlage von Port Barcarès und Port Leucate wird einem erst dann richtig bewußt, wenn man den Étang de Salses befährt. Von hier aus wirkt das Ganze wie eine Großstadt. Bewohnt wird sie freilich nur im Sommer.

Der flach ins Meer auslaufende, saubere, fast 10 km lange Strand trägt wesentlich zur Beliebtheit dieses Urlaubszentrums bei. Im Sommer drängen sich die Badegäste hier dicht an dicht.

Das bis zu 60 m hoch aufragende Plateau des *Cap Leucate* unterbricht die ansonsten flache Küstenlinie. Die Schloßruine von Leucate, die alten Befestigungsanlagen, von denen nur noch Fragmente vorhanden sind, und die Ruine des Semaphors zeugen von der ehemaligen Bedeutung dieses Caps. Für den Sportschiffer ist das Cap mit seinem Leuchtturm ein wichtiger Ansteuerungspunkt an dieser Küste.

Port-la-Nouvelle

Der Handels- und Industriehafen bietet nur wenigen Yachten Liegemöglichkeiten. Er liegt beiderseits des kanalisierten Abflusses des *Étang de Sigean,* der über den *Canal de la Robin* Verbindung zum *Canal du Midi* hat. Kastenförmige Hotel- und Appartementneubauten – alle rechtwinklig zueinander angelegt – bestimmen das Ortsbild. Das östliche Ufer wird von zahlreichen Öltanks und Pipelines verunstaltet. Etwa 1 sm östlich der Hafeneinfahrt markiert eine schwarz-gelb-schwarze Leuchttonne den Einfüllstutzen für die Pipeline.

Die sich weit nach Osten erstreckenden Molen, deren Köpfe befeuert sind, sowie die über 100 m breite und 6 m tiefe Einfahrt ermöglichen es, den Hafen auch bei starkem Ostwind anzulaufen, was nur bei wenigen Häfen an diesem Küstenstrich der Fall ist. In dem hinteren Hafenbecken, kurz vor der Straßenbrücke, stehen für Yachten etwa 80 Liegeplätze mit Strom- und Wasseranschlüssen zur Verfügung.

Von Port-la-Nouvelle aus sollte man mit dem Beiboot in den sich an den Hafen anschließenden Étang de Sigean fahren und das restaurierte Fischerdorf auf der *Île Nadière* besichtigen.

Zwischen Port-la-Nouvelle und der Île Saint-Martin erstrecken sich ausgedehnte Salinen. Die Salzgewinnung ist seit dem Altertum ein wichtiger Erwerbszweig der Region.

Nördlich der Île Saint-Martin mündet der *Canal du Grazel,* die alte Seeverbindung von

Gruissan

einem malerischen alten Städtchen am *Étang de Gruissan*, das ringförmig um einen kleinen Hügel gebaut ist, der von der Burgruine *Barberousse* gekrönt wird.

Der Fischerort hat eine bewegte Vergangenheit: Da er früher direkt am Meer lag, war er ein wichtiger Hafen in diesem Küstengebiet. Phöniker, Griechen sowie Römer hatten hier eine Handelsniederlassung. Im Mittelalter setzten sich nordafrikanische Seeräuber in Gruissan fest und machten die Küsten des Languedoc-Roussillon unsicher.

Nach jahrhundertelanger Bedeutungslosigkeit blühte das Städtchen erst wieder im 19. Jahrhundert durch den Weinanbau auf. Große Frachtensegler legten hier an, um den Wein zu verschiffen. Durch die Verlandung der Küste, die erst in den letzten Jahrzehnten teilweise gestoppt werden konnte, wurde der Ort vom Meer abgetrennt, so daß er heute nur über das kanalartige Netz der Étangs zu erreichen ist.

Neben dem Fischerdorf sind in den letzten Jahren eine riesige Lagunenstadt für etwa 20000 Urlauber sowie ein Yachthafen mit 700 Liegeplätzen entstanden. Die Zufahrt erfolgt durch den Étang du Grazel in einem 4 m tiefen, betonnten Fahrwasser. Ein 500 m nach Osten ins Meer gebauter Vorhafen mit 4 m Wassertiefe, dessen Molenköpfe befeuert sind, schützt die Einfahrt.

Der neue Yachthafen ist für Yachten bis 30 m Länge und 2,50 m Tiefgang ausgelegt, während den alten Hafen nur Boote bis maximal 1 m Tiefgang anlaufen können. Der Canal du Grazel droht ständig zu versanden; er wird daher regelmäßig für die im alten Hafen liegenden Fischerboote ausgebaggert.

Auf der Nehrung zwischen dem Étang du Grazel und dem Meer liegt *Gruissan-Plage,* eine Feriensiedlung aus weiß gestrichenen Pfahlbauten. Der größte Teil der Nehrung wird während der Winterstürme überschwemmt.

Auf der Südseite der Île Saint-Martin befindet sich am Étang de l'Ayolle die sehenswerte Fischerkolonie *Saint-Martin.* Auf dem flachen, steinigen Ufer des Étangs stehen, halb im Wasser, die aus Treibholz und alten Balken zusammengenagelten Schuppen der Fischer auf improvisierten Holzstangengerüsten. Einem Stadtbaumeister würden beim Anblick der teilweise abenteuerlichen Konstruktionen die Haare zu Berge stehen.

Man kann diese Kolonie von Gruissan aus bequem mit dem Beiboot erreichen; zu Fuß sind es etwa 3 km.

Sehenswert ist auch der etwa 2 km außerhalb von Gruissan liegende Marinefriedhof, auf dem das Andenken an die auf See gebliebenen Matrosen von Gruissan bewahrt wird.

In Gruissan gibt es einige hervorragende Restaurants, deren Spezialität fangfrischer Fisch ist, den die zahlreichen hier beheimateten Fischerboote täglich anlanden. Empfehlenswert sind das „La Marée" (im dazugehörigen Laden kann man sich mit Fisch für die Bordküche eindecken, aber auch den Fisch aussuchen, den man in dem Restaurant im ersten Stock verspeisen möchte) sowie das „Lamparot" bei der Brücke über den Canal du Grazel.

Mit einem Mietwagen sollte man die *Safari Sigean,* ein etwa 110 ha großes Freigehege, besuchen. Auf der ersten Hälfte der Safari fährt man durch ein Areal, das durch meterhohe Zäune abgesichert ist. Hier leben tibetanische Bären. Innerhalb des Geheges stehen alte Ruinen, auf denen sich Aasgeier niederlassen. Nachbar der Bären ist ein Rhinozeros. Im nächsten, nicht eingezäunten Gehege tummeln sich Löwen und andere Wildkatzen, die sich inzwischen an den Autoverkehr gewöhnt haben.

Im Anschluß an die Freigehege gibt es einen Parkplatz, wo man den Wagen abstellt und durch die wunderschöne Parklandschaft mit kleineren Tiergehegen spaziert. Besonders reizvoll sind am Rand eines kleinen Sees die Enten- und Vogelkolonien.

Nur wenig südlich des *Rocher St-Pierre* liegt die Einfahrt nach

Narbonne-Plage

das sich in den letzten Jahren zu einem modernen Yachthafen und einem beliebten Urlaubszentrum entwickelt hat. Die schönen Strände nördlich und südlich von Narbonne-Plage locken an Wochenenden zahlreiche Kurzurlauber aus Narbonne an. Der Yachthafen bietet etwa 500 Yachten sichere und bequeme Liegeplätze. Motorboote finden in dem Kanal jenseits der Brücke geeignete Liegeplätze.

Der Hafen sollte wegen der schmalen Einfahrt, deren Molenköpfe befeuert sind, nur bei ruhigem Wetter angelaufen werden. Bei starkem Wind aus Nordost bis Ost ist das Einlaufen nicht zu verantworten.

Der Yachthafen bietet sich an für einen Besuch der kleinen, geschäftigen Stadt *Narbonne*, deren Bild vor allem von der 40 m hohen Kathedrale *St-Juist* geprägt wird. Sie ist die dritthöchste Kathedrale Frankreichs und Teil eines großen, sehenswerten Komplexes, bestehend aus dem alten und dem neuen Palast der Erzbischöfe. Heute beherbergen die Paläste mehrere Museen, von denen das *Musée Regional de l'Histoire et de*

Seekarten:

D 493
BA 1705
F 1166
CG 510

Kathedrale von Narbonne

l'Homme besonders interessant ist. Es zeigt die Entwicklung des „Homo narbonensis" (Zeitgenosse des Neandertalers) mit alten Steinwerkzeugen, Pfeilen, Gefäßen usw.

Schon die Gallier hatten hier eine Siedlung errichtet. 118 v. Chr. wurde daraus Colonia Narbo Martius, die Hauptstadt der römischen Provinz Gallia Narbonensis. Nach dem Niedergang des Weströmischen Reiches war der Ort Hauptstadt des Westgotenreiches. Im 8. Jahrhundert wurde er von nordafrikanischen Seeräubern erobert und als Stützpunkt genutzt. Im Mittelalter dann war Narbonne zunächst Bischofs- und später, bis 1790, Erzbischofssitz.

Bis zum 17. Jahrhundert lag Narbonne am Meer und hatte einen strategisch wichtigen Hafen; heute liegt der Ort 12 km landeinwärts malerisch am *Canal de la Robin.*

L'Aude/Grau-de-Vendres

Die im Mündungsbereich des Flusses *L'Aude* und dem Abfluß des *Étang de Vendres* liegenden Hafenanlagen bieten bis jetzt nur flachgehenden Yachten Liegemöglichkeiten. Die zur Versandung neigende Mündung wird lediglich durch einen kurzen Molenstummel gegen Seegang aus Süd geschützt. Mit der Errichtung der Feriensiedlung Grau-de-Vendres ist jedoch auch der Bau mehrerer Hafenbecken vorgesehen.

Die angenehmsten Liegeplätze findet man gegenwärtig etwa 0,5 sm flußaufwärts in einem kleinen Yachthafen vor der Ortschaft.

Valras-Plage

ist der erste Yachthafen in der Mündung des Flusses Orb. Die nach Süden offene, 2 m tiefe Einfahrt wird von zwei Molen geschützt, deren Köpfe befeuert sind. Sie liegen unmittelbar an der 2-m-Tiefenlinie; bei auflandigem Wind und Seegang ist deshalb von der Einsteuerung unbedingt abzuraten.

Etwa 250 m hinter der Einfahrt liegt an Backbord der Yachthafen, der 200 Yachten bis 2 m Tiefgang bequeme Liegemöglichkeiten bietet. Weitere Liegeplätze befinden sich an dem befestigten Ufer des Orb südlich der Tankstelle.

Valras-Plage ist der Badeplatz der wenige Kilometer flußaufwärts gelegenen Stadt *Béziers*, die im Mittelalter traurige Berühmtheit erlangte. Die von der katholischen Kirche als Ketzer diffamierten Albigenser hatten hier Unterschlupf gefunden. Ein Kreuzfahrerheer unter Simon von Montfort griff die Stadt an, eroberte sie und brachte in einem unvorstellbaren Gemetzel die gesamten 30 000 Bewohner um – weder Kinder noch Greise wurden verschont. Anschließend wurde die Stadt in Brand gesetzt.

Heute zieht die hübsche Altstadt aus dem 17. Jahrhundert zahlreiche Besucher an. Sehenswert und als Wahrzeichen weithin sichtbar ist die gotische Kathedrale *St-Nazaire* mit einer wunderschönen Fensterrosette in der Westfassade.

Mit dem Beiboot oder einem kleinen Motorboot kann man Béziers auf dem Orb erreichen.

Béziers

Port de l'Orb

ist der zweite Yachthafen im Fluß Orb, etwa 0,5 sm von Valras-Plage flußaufwärts am Westufer. In dem 2 m tiefen Hafenbecken finden etwa 320 Yachten Platz. Die Versorgungsmöglichkeiten sind eher gering. Im Sommer liegen an beiden Ufern des Orb Yachten dicht gedrängt.

Agde

Das kleine Fischerstädtchen liegt heute etwa 4 km von der Küste entfernt, dort, wo sich *Canal du Midi* und der Fluß *Hérault* kreuzen. Unter dem Namen Agathois (von griechisch *agathois* = gut) war es einst eine griechische Handelsniederlassung und bis ins 19. Jahrhundert der wichtigste Hafen des Languedoc.

Die befestigte Kathedrale *St-Etienne* mit dem mächtigen Wehrturm aus schwarzer Lava wirkt wie eine Kombination aus Fabrikgebäude, Burg und Kirche. In den Gassen des Ortes dominieren die Fischerhäuser mit ihren schmalen Balkons und bunten Fensterläden. Man findet in Agde schöne, uralte Hausportale, schattige Plätze und hervorragende Restaurants wie die „Auberge de la Grange" und, neben der Kirche, das „La Galiote", efeubewachsen und mit zahlreichen Zinnen und Türmchen verziert (sehr zu empfehlen die gebackene Seezunge).

Kurz hinter der Brücke über den Hérault führt ein Wasserarm zum Canal du Midi. Die eigentliche Schleuse zum Canal du Midi liegt etwa 500 m in nordnordwestlicher Richtung. Vor der 14 m hohen Brücke befindet sich

Agde – Kathedrale Sainte-Etienne

Seekarten:

D 493
BA 1705
F 1167
CG 509

Port d'Agde

der Fischer- und Yachthafen von Agde. Beide Flußufer sind in diesem Bereich befestigt und bieten gute Liegemöglichkeiten. Im Sommer ist es freilich nicht ganz einfach, einen freien Platz zu finden. Die Distanz von der Mündung des kanalisierten und 3 bis 5 m tiefen Hérault bis Port d'Agde beträgt 2 sm.

Le Grau d'Agde

Der Fischer- und Yachthafen liegt unmittelbar an der Mündung des Hérault. Die Einfahrt ist durch zwei lange Molen geschützt. Die Molenköpfe sind befeuert. Die 2-m-Tiefenlinie verläuft nahezu in Verlängerung der Molen noch 100 m seewärts, so daß man mindestens 200 m vor der Einfahrt einen Parallelkurs zu den beiden Molen halten und auf die Mitte des Flusses zusteuern sollte. Vor der Einfahrt liegt eine knapp 3 m tiefe Barre, die vom Kopf der westlichen Mole etwa 0,4 sm weit in südsüdwestlicher Richtung verläuft. Bei auflandigem Wind und Seegang steht hier eine gefährliche Brandung; das Einlaufen in den Fluß ist dann nicht empfehlenswert.

Die zahlreichen Holzstege an den befestigten Flußufern gehören einheimischen Fischern und Yachteignern. Nach Absprache kann man hier vorübergehend festmachen.

Cap d'Agde

die „schwarze Perle" des Languedoc, war früher ein Sumpfgebiet, umgeben von den Anhöhen St-Martin und St-Louis sowie dem Krater eines erloschenen Vulkans am Cap. Heute befinden sich hier der größte Yachthafen der Region mit etwa 2500 Liegeplätzen sowie ein Ferienzentrum, das geschickt um die verschiedenen Hafenbecken gruppiert ist. Bereits Kardinal Richelieu hatte vor 350 Jahren den ehrgeizigen Plan, an dieser Stelle einen Hafen zu bauen.

Um das Hafenbüro herum findet man die Liegeplätze für größere Yachten sowie die Stege für Gastyachten. Im Richelieukanal mit 330 Liegeplätzen hat man den Eindruck, in Venedig zu liegen. Weitere Hafenbecken sind *St-Martin, Capistol Matago* und *Malfato.*

Nach sorgfältigem Kartenstudium bereitet die Ansteuerung der nach Süden offenen Einfahrt keinerlei Schwierigkeiten. Etwa 0,5 sm südlich der Einfahrt liegt die *Île Brescou* mit dem gleichnamigen Fort, das lange Zeit als Gefängnis diente. Auf einem der Festungstürme steht ein weittragendes Leuchtfeuer. Die Klippe *La Lauze* etwa 100 m südöstlich der Hafeneinfahrt ist mit einer schwarz-roten

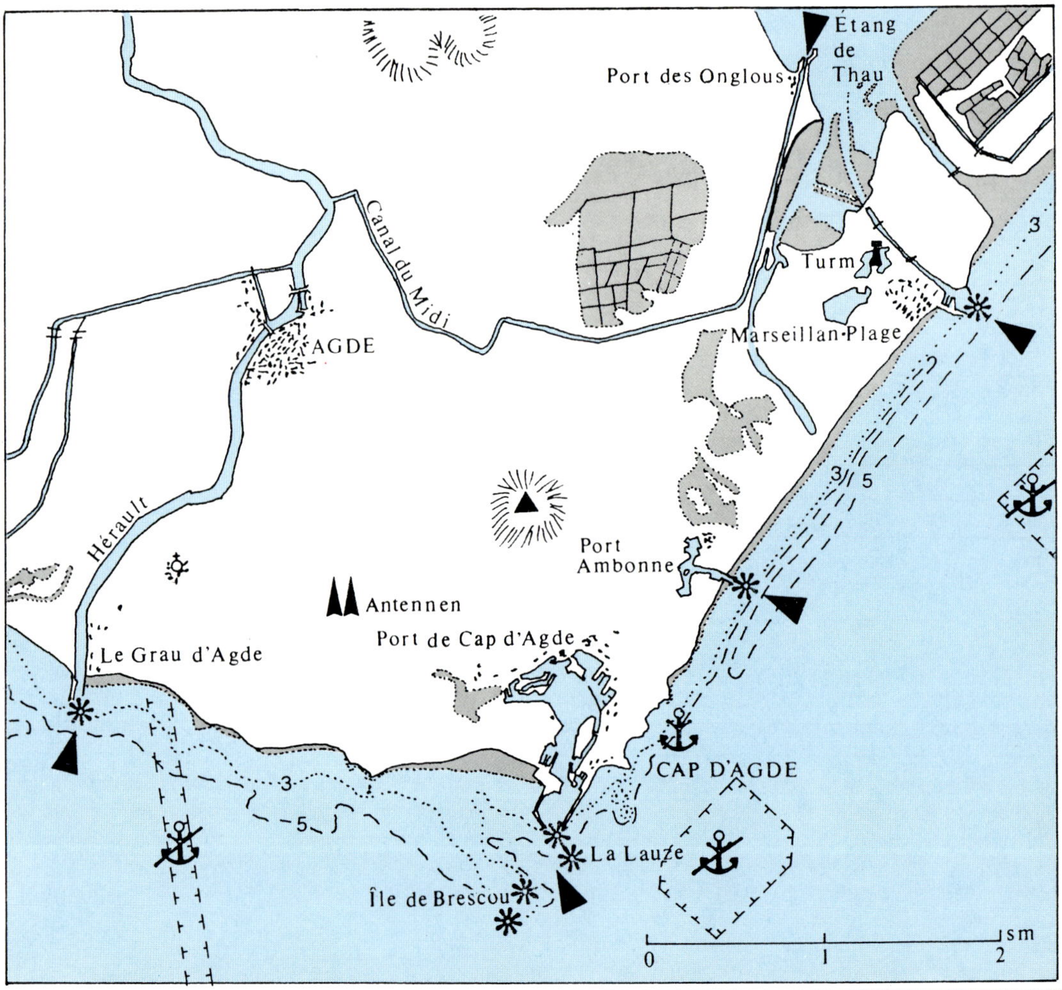

Fort Brescou vor dem Cap d'Agde

Leuchtbake mit Ball-Toppzeichen markiert. Die Gefahrenstellen rund um die Île Brescou sind durch Untiefentonnen und Baken gekennzeichnet.

Von Westen kommend, sollte man sich gut frei von der Küste halten und die schwarz-gelbe Leuchttonne an Backbord lassen, ehe man mit Nordkurs zwischen der Île Brescou und der Klippe La Lauze hindurch die befeuerte Hafeneinfahrt ansteuert.

Eine Attraktion besonderer Art ist *Aqualand* am westlichen Rand von Cap d'Agde, ein Wasserspielplatz mit Riesenrutschbahn. Im Sommer drängen sich oft bis zu 7000 Besucher auf dem Gelände.

An klaren Tagen sollte man auf den *Mont St-Loup* hinaufsteigen, eine Erhebung vulkanischen Ursprungs, deren rote Erde dicht mit Pinien bestanden ist. Die Mühe des Aufstiegs wird durch eine phantastische Aussicht belohnt, an manchen Tagen bis hin nach Spanien. Auf dem Hügel steht ein Fort aus dem 19. Jahrhundert, das der französischen Marine als Funkstation dient.

In der „Bar Nautic" am Avant Port (Vorhafen) trifft man zahlreiche deutsche Yachtskipper. Wer komfortabel speisen möchte, dem sei das Restaurant „Le Pitchou" auf der *Ile des Pècheurs* empfohlen, wo man hervorragend zubereitete Meeresfrüchte erhält.

Port Ambonne

knapp 2 sm nordöstlich von Cap d'Agde, liegt inmitten eines großen FKK-Zentrums – hüllenlos sind auch die Yachtbesatzungen. Der Hafen bietet etwa 270 Liegeplätze in dem 1,50 m tiefen Becken. Die beiden weit ins Meer hinausgebauten Molen lassen eine 2 m tiefe Einfahrt frei und schützen den Zufahrtskanal. Wohl hauptsächlich wegen der FKK-Gepflogenheiten verirren sich nur selten Gastyachten hierher.

Marseillan-Plage

Der kleine Ferienort mit seinem Yachthafen liegt an der südlichen Zufahrt zum Étang de Thau, dem *Pisse Saumes*. Wegen der Eisenbahnbrücke etwa 500 m hinter dem Hafen können diese Zufahrt allerdings nur Boote bis etwa 2,50 m Höhe passieren, um in die weiträumige Lagune zu gelangen.

Der Außenhafen wird durch zwei Molen gebildet; die Einfahrt öffnet sich nach Osten. Das kleine Becken an Backbord bietet etwa 80 Yachten bis 1,70 m Tiefgang bequeme Liegeplätze an Stegen.

Obwohl die meisten Yachten bei Sète in den Etang de Thau einsteuern, wollen wir von hier aus einen Abstecher in die weiträumige Lagune unternehmen. Kurz hinter der Einmündung des Pisse Saumes in den Étang de Thau liegt die Einfahrt in den *Canal du Midi* mit dem kleinen Hafen

Port des Onglous

Hier können Yachten bis etwa 1,50 m Tiefgang die Nacht verbringen, bevor sie die Reise über den *Canal du Midi* etwa bis hin zum Atlantik antreten.

Der *Étang de Thau* mit einer Länge von fast 10 sm und einer Breite von etwa 2 sm ist der größte Salzsee der Region. Vom Meer ist er durch einen schmalen Salinenstreifen getrennt. In seiner Mitte verläuft ein betonntes Fahrwasser nach Sète. Ein großer Teil der Wasserfläche vor dem Nordwest- und dem Nordufer wird von Muschel- und Austernzuchten eingenommen. Im übrigen aber ist der Étang ein ideales Binnenrevier. Einige hübsche Fischer- und Yachthäfen säumen seine Ufer.

Marseillan

Der kleine Hafenort wird in der Hauptsache von Fischern und Weinbauern be-

Der Canal du Midi

Der Canal du Midi ist wohl der schönste Kanal Südfrankreichs. Er führt durch eine der interessantesten Landschaften mit kilometerlangen Platanenalleen. Wegen des großen Gefälles muß man allein vom Étang de Thau bis Carcassonne 33 Schleusen passieren. Der im 17. Jahrhundert erbaute Kanal war für die damalige Zeit sicher ein gewagtes Unternehmen. Pierre-Paul Riquet, ein reicher Salinenpächter, hatte sein gesamtes Privatvermögen von 34 Millionen Franc in das Projekt gesteckt, um einen Schiffahrtsweg von seiner Heimatstadt Sète zum Atlantik zu schaffen. 14 Jahre lang arbeiteten mehr als 10 000 Menschen an der Ausschachtung und Befestigung des Kanals. Doch noch vor seiner Fertigstellung ging das Geld aus – Riquet war gezwungen, Darlehen aufzunehmen, die seine Nachkommen später mit den Gebühren für die Kanal- und Schleusenbenutzung tilgten. Er selbst erlebte die Eröffnung des Kanals nicht mehr.

1 Der Étang de Thau ist ein ideales Binnenrevier mit malerischen alten Häfen. An der Einfahrt in den Canal du Midi liegt der kleine Yachthafen Port des Onglous

2 Marseillan ist ein hübscher Hafenort am Étang de Thau

3 Der kleine Ferienort Marseillan-Plage an der südlichen Zufahrt zum Étang de Thau bietet in seinem Hafen nur wenigen Yachten Liegemöglichkeiten. Wegen der Eisenbahnbrücke 500 m weiter können den Kanal nur Boote bis 2,50 m Höhe passieren

4 Die zauberhafte Hafenstadt Mèze am nordwestlichen Ufer des Étang de Thau. Auf dem Bild wird die zur Versandung neigende Einfahrt zu dem 3 m tiefen Hafenbecken wieder ausgebaggert

1

4

2

3

1

2

1 *Sète ist der größte Handels- und Industriehafen am Golfe du Lion und zugleich Frankreichs zweitgrößter Mittelmeerhafen. Im Hintergrund der Étang de Thau*

2 *Die Yachtliegeplätze sind im südwestlichen Teil des Hafens von Sète*

3 *In Sète ist eine große Fischereiflotte beheimatet, deren Liegeplätze sich in unmittelbarer Nähe der Fischhalle befinden*

4 *Sète wird von zahlreichen Kanälen durchzogen – überall liegen Fischerboote und Yachten vor der Haustür*

1

2

3

4

1 *Der Yachthafen von Frontignan beiderseits des Verbindungskanals vom Meer zum Étang d'Ingril. Der für seinen Muskatwein bekannte Ort befindet sich am gegenüberliegenden Ufer des Étang*

2 *Palavas-les-Flots am Fluß Le Lez. Vorn der Außenhafen, im Hintergrund der Flußhafen*

3 *und* **4** *Das Bild von Carnon-Plage, einem der ältesten Ferienorte des Languedoc-Roussillon, wird heute beherrscht von Appartementhochhäusern*

1

2

1 *bis* **4** *La Grande-Motte, das erste der modernen Ferienzentren am Golfe du Lion. 1967 von de Gaulle eingeweiht, wurde mit La Grande-Motte eines der größten touristischen Erschließungsprojekte am Mittelmeer eingeleitet. Die Pyramidenhochhäuser, Wahrzeichen von La Grande-Motte, sind schon von weitem zu erkennen*

3

4

1

2

3

1 *Das malerische Fischerdorf Le Grau-du-Roi beiderseits des Kanals nach Aigues-Mortes*

2 *Flamingos über der Camargue, der berühmten Seen- und Sumpflandschaft Südfrankreichs, die in Europa ihresgleichen sucht*

3 *Die Camargue steht zum größten Teil unter Naturschutz*

4 *und* **5** *Aigues-Mortes, die alte Kreuzfahrerstadt. Hinter ihren 700 Jahre alten Mauern scheint die Zeit stehengeblieben zu sein*

1

1 *bis* **4** *Die gigantische Lagunenstadt Port Camargue mit dem größten Yachthafen an der französischen Mittelmeerküste. Während der Sommermonate leben in den weiträumigen Anlagen annähernd 100 000 Menschen. Die künstliche Lagunenstadt besticht durch eine interessante, moderne Architektur, die aus der Kleinmaßstäblichkeit ihrer Formen lebt und mit viel Grün aufgelokkert ist*

2

3

4

1

1 *Das idyllische Fischerstädtchen Martigues am Étang de Berre ist trotz des französischen „Ruhrgebiets“ am Golfe de Fos ein beliebter Anlaufpunkt für Yachten*
2 und 3 *In Saintes-Maries-de-la-Mer, dem Wallfahrtsort der Zigeuner, ist zu Füßen der Stierkampfarena ein Yachthafen entstanden*

1 *Der neue Yachthafen Port Saint-Gervais im nördlichen Scheitel des Golfe de Fos. Links im Bild der für die Ansteuerung des Industriehafens Fos wichtige Leuchtturm. Hinter dem Hafen verläuft der Kanal von Arles nach Port-de-Bouc*

2 und 3 *Der für die Berufsschiffahrt eingerichtete Hafen Port-de-Bouc mit der Einmündung des Kanales von Arles (rechts in Bild 3, neben den Anlagen für Fischer und Yachten) und der Einfahrt in den Canal du Caronte, der zum Étang de Berre führt (2). Neben der Hafeneinfahrt liegt der Yachthafen La Lecque (2)*

4 *Port Saint-Louis-du-Rhône, an dem gleichnamigen Kanal gelegener kleiner Yachthafen*

5 *Die Petit Rhône – der Leuchtturm ist das Oberfeuer des Richtfeuers für die Einfahrt in den Fluß*

1

2

3

5

wohnt. Die drei Hafenbekken können nur von Yachten bis 1,50 m Tiefgang angelaufen werden.

Marseillan ist Standort des bekannten Wermut-Herstellers Noilly-Prat. Bei einer Führung kann man kostenlos die verschiedenen Produkte des Hauses verkosten.

Am Hafen steht ein schöner alter Barockbau, in dem ein Holländer ein Hotel und Restaurant eingerichtet hat. In dem Restaurant erhält man hervorragende Fischgerichte.

Mèze

Flankiert von zwei Mühlen, liegt der hübsche Hafenort am nordwestlichen Ufer des Étang de Thau. Das in die Ortschaft hineinreichende Hafenbecken ist 3 m tief, jedoch beträgt die Wassertiefe in der Einfahrt nur etwa 2 m.

Der 300 m nordöstlich des Haupthafens gelegene kleine Fischerhafen weist nur 0,50 m Wassertiefe auf und ist somit für Yachten ungeeignet. 300 m südwestlich befindet sich der Hafen einer Segelschule, der 1,50 m tief ist.

Im nördlichen Zipfel des Étang de Thau liegt der reizvolle alte Fischerort

Bouzigues

mit einem kleinen Hafen. Die Wassertiefe in den beiden Becken beträgt jedoch nur 1 m. Größere Yachten können außerhalb des Hafens auf 3 bis 4 m Wassertiefe ankern.

Balaruc

Auf einer Halbinsel im Étang de Thau liegt das hübsche Thermalbad *Balaruc-les-Bains,* dessen kleiner Hafen jedoch nur von Yachten bis 1 m Tiefgang angelaufen werden kann. Das alte Festungsstädtchen Balaruc-le-Vieux befindet sich wenige Kilometer weiter am nordöstlichen Zipfel des Étangs.

Eine betonnte Fahrrinne mit 3 bis 4 m Wassertiefe führt von Sète zu dem Hafen. Größere Yachten ankern westlich der Fahrrinne auf 2 bis 5 m Wassertiefe. Man fährt dann mit dem Dingi in den Hafen.

Hervorragende Fischrestaurants und die Abgeschiedenheit und Ruhe des Dorfes, fernab vom Touristenrummel in Sète, lohnen einen Besuch.

Sète

Dort, wo heute Frankreichs wichtigster und größter Hafen am Golfe du Lion und zweitgrößter Hafen der französischen Mittelmeerküste liegt, standen vor 300 Jahren nur ein paar ärmliche Fischerhütten auf der sandigen Landzunge unterhalb des Mont St-Clair, der wie ein kahler Klotz zwischen der Mittelmeerküste und den ungesunden Brackwassern des ausgedehnten Étang de Thau lag. Schon König Heinrich IV. hatte im 16. Jahrhundert erwogen, die günstige Lage dieses Landeplatzes an der Bucht für eine Hafengründung zu nutzen, sein gewaltsamer Tod und die kriegerischen Auseinandersetzungen zu jener Zeit hatten es jedoch nicht dazu kommen lassen. Erst als im 17. Jahrhundert Pierre-Paul Riquet den Canal du Midi baute, wurden in Sète, das damals noch Cette hieß, die ersten Hafenanlagen errichtet.

In Sète ist die größte französische Fischereifangflotte des Mittelmeeres beheimatet. Ein buntes Gewimmel von Fischerbooten belebt fast zu jeder Tagesstunde das Hafenbecken des *Vieux Port.* Vom Kai des *Canal du Rhône à Sète* aus läßt sich das geschäftige Treiben der Fischer beim Entladen ihrer Fracht beobachten. Was dort in bizarrer Vielfalt an Land gebracht wird, drängt den Vergleich mit den spukhaften Gebilden des Hieronymus Bosch auf. Einem großen Teil davon wird man bald sauber sortiert und aufgeschichtet an den Ständen des Fischmarktes wiederbegegnen, wo die Fische, Muscheln und Schalentiere in Körben, Bottichen und Kisten zum Verkauf angeboten werden.

Hauptumschlagsplatz für die Fänge ist jedoch die Versteigerungshalle, wo in einem fast bis zur Lautlosigkeit eingespielten Ritual von „Angebot und Nachfrage" die Zuschläge an die Großhändler gehen. Wenn man bei alledem Appetit auf Fisch bekommt: Am Kanal steht ein Restaurant neben dem anderen, und fast zu jeder Tageszeit werden auf den Tischen am Kanalufer die Schüsseln mit dampfender *Bouillabaisse* aufgetragen.

Schon von weitem sind die riesigen, hellglänzenden Treibstofftanks und die gewaltigen Weinsilos um den *Nouveau Port* zu erkennen. Große Tanker leichtern hier Erdöl aus dem Nahen Osten, das in den Raffinerien der Umgebung weiterverarbeitet wird. Stattliche Transportschiffe bringen algerischen Rotwein, der in den Weinsilos bis zur Abfüllung gelagert wird.

Der Ort wird von zahlreichen Kanälen durchzogen, die bei dem Durchstoß vom Étang de Thau zum Meer entstanden sind. Überall liegen Fischerboote und Yachten quasi vor der Haustür. Die Ansteuerung des Hafens ist bei Tag und Nacht problemlos – zahlreiche Feuer auf den Molenköpfen weisen den Weg. Für Yachten empfiehlt es sich, die westliche Einfahrt zu benutzen, durch die man nach dem Runden der Innenmole St-Louis rasch zu den im südwestlichen Teil des Hafens gelegenen Yachtliegeplätzen der *Société Nautique de Sète* gelangt. Die Wassertiefe beträgt hier 5 m. Die 220 Liegeplätze verfügen über Strom- und Wasseranschlüsse.

Im Südwesten des Mont St-Clair ist ein Yachthafen entstanden. Die Versorgungseinrichtungen waren 1986 freilich noch im Bau.

Der Strand nordöstlich von Sète bis zum Hafen von Frontignan wird durch zahlreiche Buhnen geschützt.

Eine Annäherung an den Strand, zumal bei Nacht, ist daher unbedingt zu vermeiden.

Der etwa 20minütige Aufstieg über Treppen und durch Pinienwäldchen zum *Mont St-Claire* wird durch eine phantastische Aussicht auf den Étang de Thau, die langen Sandstrände im Westen und das Cap d'Agde belohnt.

Am Südhang des Mont St-Claire liegt der *Cimetière Marin,* ein Marinefriedhof, auf dem der berühmteste Sohn von Sète, der Dichter Paul Valéry, begraben liegt. Die einzigartige Lage dieses Gräberfeldes mit den prunkvollen Marmordenkmälern und tempelartigen Totenhäusern lohnt einen Besuch. Die hier ihren Frieden fanden, waren, wie den Inschriften zu entnehmen ist, zumeist Seefahrer, Fischer, Kapitäne. Der Dichter, der neben ihnen ruht, hat diesem Friedhof ein Gedicht gewidmet, dessen letzten beiden Verse der ersten Strophe auf seinem Grabstein eingemeißelt sind:

O récompense après une pensée
qu'un long regard sur le calm des dieux

(übersetzt etwa: O Preis für Geistiges: ich fasse endlich mit langem Blick, wie alle Gottheit ruht)

Das Geburtshaus des Dichters an der Grande Rue (dem alten Hafenkai) ist der Spitzhacke zum Opfer gefallen. Dafür hat die Stadt in den oberen Räumen des Museums einige Gedenkräume eingerichtet. Man sieht dort unter anderem das Originalmanuskript des Gedichtes „Cimetière Marin" sowie einige Briefe, in denen er Zeugnis von seiner lebenslangen Liebe zu seiner Vaterstadt gibt. In einem dieser Briefe schreibt Valéry: „Ich verdanke meinem heimatlichen Port die ersten Eindrücke meines Herzens und die Liebe zum lateinischen Meer und zu den unvergleichlichen Kulturen, die an seinen Ufern geblüht haben. Mein ganzes Werk erinnert sich meines Ursprungs." Valéry war im Hauptberuf Diplomat; die Schriftstellerei hat er als Hobby betrieben.

Ein anderer großer Sohn von Sète ist der bekannte Sänger Georges Brassens. Seine balladesken Chansons erinnern an Villon. Auch wenn Brassens den größten Teil seines Lebens in Paris zugebracht hat: Seine mediterrane Herkunft kann er in seinen Liedern nicht verleugnen.

Ebenfalls am Südhang des Mont St-Claire liegt das *Théâtre de la Mer,* in dem im Juli und August ein großes Theaterfestival stattfindet.

Frontignan

Der Yachthafen von Frontignan, etwa 3 sm nord-

Seekarten:

D 493
BA 1705
F 7054
CG 509

Lanzenstechen in Sète

Das berühmteste Volksfest in Sète, wie auch in anderen Hafenstädten der Gegend, ist das *Joutes* oder Lanzenstechen. Jeder Hafenort entwickelte im Laufe der Zeit seine Besonderheiten, eigene Trachten und Lieder zu diesem Kampfspiel. Der Wettkampf läßt sich bis zu den alten Ägyptern zurückverfolgen, wobei umstritten ist, ob er aus der Kampfübung gegen die Seeräuber entstand oder aus reinem Spaß. Im Laufe der Zeit wurden aus diesem Spiel regelrechte Turniere – ähnlich den Ritterturnieren im Mittelalter –, auch um dem weiblichen Geschlecht zu imponieren.

Je zehn Ruderer auf den Bänken eines roten und eines blauen Bootes halten mit angespannter Kraft aufeinander zu. Hoch über den Mannschaften, auf einer Plattform am Heck, der *tintaine,* stehen die weiß gekleideten Kämpfer, auf die sich die Aufmerksamkeit der Zuschauer konzentriert. Vor der Brust tragen die Kämpfer einen hölzernen Schutzschild, in der einen Hand eine lange Lanze und in der anderen ein kleines, zum Gegner hin geöffnetes viereckiges Kästchen, mit dem sie versuchen, die gegnerische Lanze aufzufangen und gleichzeitig mit der eigenen Lanze den gegnerischen Kämpfer vom schwankenden Standort ins Wasser hinunterzustoßen. Zu jeder Mannschaft gehören ein Trompeter und ein Trommler, die mit einer überlieferten kämpferischen Melodie den Mut des Jouteurs anstacheln.

Kraft, blitzschnelles Erfassen der Situation, Standfestigkeit und Geschick im Ausweichen, dazu ein präzises Zusammenspiel zwischen dem Einzelkämpfer auf der Plattform und den Ruderern verleihen dem Schauspiel farbigen Reiz und hohe Spannung, vor allem, wenn die Boote ohne sich zu rammen in rascher Fahrt dicht aneinander vorbeigleiten. Die Spannung löst sich erst, wenn es gelingt, den Gegner mit kraftvollem Lanzenstoß ins Wasser zu stoßen. Johlen und Gelächter branden auf und verstummen erst, wenn ein Trommelwirbel den Beginn der nächsten Runde ankündigt. Meist aber fallen beide Kämpfer ins Wasser – oft sogar, ohne sich berührt zu haben.

In zunehmendem Maße werden die Boote heute allerdings nicht mehr mit Muskelkraft, sondern mit einem Außenbordmotor angetrieben.

Beim Lanzenstechen in Sète

östlich von Sète, bietet 700 Yachten bequeme und sichere Liegeplätze und alle Annehmlichkeiten einer modernen Yachtmarina. Der Hafen liegt an einem kurzen Verbindungskanal vom Mittelmeer zum *Étang d'Ingril.*

Der Ort selbst befindet sich etwa 2 km weiter binnenwärts am Étang d'Ingril und ist für seinen Muskatwein berühmt. Der „Muscat

Frontignan – befestigte Kirche aus dem 12. Jahrhundert

de Frontignan", ein süßer Aperitif, wurde schon von Frankreichs großen Königen gern getrunken. Unter den Weinhändlern herrscht ein reger Konkurrenzkampf – die Flasche Muscat kostet umgerechnet zwischen sechs und neun Mark.

Sehenswürdigkeiten des Ortes sind eine befestigte Kirche aus dem 12. Jahrhundert, schöne alte Häuser und die Reste der Befestigungsanlagen. Gestört wird das angenehme Gesamtbild durch die Raffinerien südlich der Ortschaft, neben dem Canal des Étangs. Zwischen Sète und Frontignan markieren mehrere Bojen die Öleinfüllstutzen vor der Küste.

Am Strand zwischen dem Canal des Étangs und der Mittelmeerküste liegen zahlreiche Campingplätze.

Palavas-les-Flots

wurde vor über 100 Jahren von Fischern gegründet, die vom Thunfischfang lebten. Der Ort hebt sich angenehm von den übrigen Ferienzentren mit seelenloser Betonkulisse ab. Sein Reiz besteht in dem harmonischen Nebeneinander von traditionellem Fischerdorf und modernem Ferienzentrum. Trotz zahlreicher Hafenrestaurants, Hotels und einem Spielcasino, die das Ortsbild bestimmen, konnte sich Palavas-les-Flots den Charme eines mediterranen Fischerdorfes bewahren, auch wenn der Ort an den Wochenenden an einen großen Rummelplatz erinnert, wenn nämlich die Städter aus Montpellier zu den Feriengästen stoßen. Das Nonplusultra des Freizeitvergnügens ist eine Gondelbahn, die vom Yachthafen über den schmalen Fluß Le Lez zu den Stränden auf der anderen Seite führt.

In Palavas-les-Flots gibt es zwei Yachthäfen: den *Port Extérieur* (Außenhafen) mit 830 Liegeplätzen für

Ein Besuch in Montpellier

Wenn man etwas Zeit hat, sollte man in Palavas-les-Flots einen Mietwagen nehmen und dem nur wenige Kilometer landeinwärts gelegenen Montpellier einen Besuch abstatten. Die alte Universitätsstadt auf einem Hügel zwischen dem Meer und den Cevennen wurde durch ihre 1220 gegründete medizinische Fakultät weltberühmt. Fast 40 000 Studenten sind jährlich in Montpellier eingeschrieben. Die Universität, die schmalen Gassen, alte Bürgerhäuser, große Plätze mit Studentencafés und weite Grünanlagen prägen das Ortsbild. Um den alten Stadtkern herum steht eine Reihe von Kirchen. Im Westen dann die berühmte Promenade du Peyrou und ein wunderschöner Park, an den sich ein Aquädukt anschließt. In dem pompösen Triumphbogen am Eingang zur Altstadt ließ Ludwig XIV. seine Ruhmestaten verewigen. Sein Reiterstandbild weist gebieterisch auf die Stadt.

Im Gegensatz zu den meisten anderen Städten Südfrankreichs ist Montpellier erst im 10. Jahrhundert gegründet worden. In den Hugenottenkriegen wurde die wohlhabende, aufstrebende Stadt stark verwüstet. Sie überwand jedoch den damit einhergehenden wirtschaftlichen Niedergang sehr rasch, und es entstanden jene Bürgerhäuser, die Montpellier den ihm eigenen, urtümlichen Charakter geben.

Montpellier – Promenade du Peyrou

Yachten bis 16 m Länge und 3 m Tiefgang und dem Komfort einer modernen Yachtmarina sowie den *Port-sur-le-Lez* (Innenhafen) am Fluß Le Lez etwa 0,5 sm flußaufwärts für etwa 200 Sportboote bis 1 m Tiefgang. Bei der Zufahrt zum Innenhafen sind zwei Brükken zu passieren, davon eine bewegliche.

An den befestigten Flußufern zwischen Außen- und Innenhafen gibt es weitere etwa 200 Liegeplätze, die allerdings fast ausschließlich von einheimischen Fischerbooten belegt sind.

Eines der besten Restaurants in Palavas-les-Flots ist das „L'Oustal de la Mar" mit provençalischer Küche, dessen Spezialitäten *Moules sauces Oustals* (Muscheln mit Soße nach Art des Hauses), *Beignets de filet de sole* (überbackene Seezungenfilets), *Bouillabaisse* und *Crevettes roses mayonnaise* sind.

Südwestlich von Palavas-les-Flots erstreckt sich bis Frontignan ein mehrere Kilometer langer Sandstrand. Etwa 1,5 sm südwestlich liegt die einstige Ortschaft *Maguelonne*, die noch im Mittelalter eine Insel war. Heute steht nurmehr noch die zum Teil schon verfallene romanische Kathedrale inmitten eines üppigen Pinienhains. Mit ihren Pechnasen und schmalen Schießscharten wirkt sie wie eine Festung.

Carnon-Plage

Carnon-Plage ist einer der ältesten Ferienorte an der Küste des Languedoc-Roussillon und hat sich in seinem alten Teil den Charakter eines Sommervillen-Vorortes bewahrt. Doch dieser ältere Teil wird überragt von den Betonklötzen der modernen Feriensiedlung.

Der Ort liegt auf einer schmalen Nehrung zwischen *Golfe d'Aigues-Mortes, Étang de Pérols* und *Étang de Mauguio* sowie dem modernen Yachthafen beiderseits des Kanals, der den Golfe d'Aigues-Mortes mit den beiden Étangs verbindet. Zwei weit ins Meer hinausragende Molen bilden einen Vorhafen, der die Kanalmündung schützt. Die nach Osten offene Hafeneinfahrt ist befeuert.

In dem 2 bis 3 m tiefen Hafenbecken finden etwa 700 Yachten Platz (Wasser- und Stromanschlüsse, Duschen und Toiletten im Gebäude des Hafenmeisters an der Einfahrt in das östliche Hafenbecken). Bei Winden aus Ost bis Süd kann man den Hafen nicht anlaufen; eine hohe, auf die Küste zulaufende See türmt mächtige Wellenberge vor der Einfahrt auf. Dagegen ist der Hafen bei Mistral einer der sichersten in der Gegend, und auch die Ansteuerung bereitet dann keinerlei Schwierigkeiten.

Der lange Sandstrand zwischen Carnon-Plage und La Grande-Motte gehört zu den schönsten des Languedoc. Inzwischen darf hier nicht mehr gebaut werden, denn man hat mittlerweile erkannt, welche irreparablen Schäden die unbegrenzte Urbanisierung angerichtet.

La Grande-Motte

war das erste der modernen Touristikzentren an der 180 km langen Küste des Golfe du Lion und damit Vorbild für alle jene, die später gebaut wurden. 1967 vom damaligen Staatspräsidenten, General de Gaulle, eingeweiht, wurde mit La Grande-Motte eines der größten Erschließungsprojekte am Mittelmeer eingeleitet.

Am Ortseingang dieser supermodernen, innerhalb der Lagunen hochgestampften Feriensiedlung schlängelt sich ein flacher Fluß mit schönen Baumgruppen hin, an dessen Ufern Angler meist vergeblich ihre Köder baden – romantische Idylle vor einem der ausgeklügeltsten Touristikzentren Frankreichs.

Pyramidenhochhaus in La Grande-Motte

Der Versuch, Cafés, Einkaufszentren, Plätze, Sportanlagen, Grünflächen und Appartements für etwa 100 000 Urlauber so zu kombinieren, daß keine Riesenhochhäuser gebaut werden mußten und das Ganze einen stadtähnlichen Charakter erhielt, ist hier vorbildlich gelungen. Trotzdem bleibt eine gewisse Kühle, denn man spürt, daß der Ort nicht gewachsen ist. Überall stößt man auf die meist sinnvolle Handschrift des Architekten Jean Balladure, der für das Gesamtprojekt verantwortlich zeichnete. Schon von weitem sind die Pyramidenhochhäuser – Wahrzeichen von La Grande-Motte – zu erkennen. Jedes der Häuser weist eine individuelle Fassadengestaltung aus großflächigen Sichtbetonelementen auf.

Die 95 m breite, nach Osten offene Einfahrt nach La Grande-Motte ist nicht zu verfehlen: Sie ist gekennzeichnet durch ein großes rotes M, nachts durch Neonröhren hell erleuchtet. Wie Carnon-Plage sollte auch La Grande-Motte bei starkem Wind aus Ost bis Süd nicht angelaufen werden.

Der wie eine moderne Marina ausgestattete Yachthafen bietet auf Wassertiefen von 2 bis 4 m etwa 1250 Liegeplätze für Yachten bis 24 m Länge. In der Feriensiedlung gibt es zahlreiche Restaurants, Lebensmittelgeschäfte, Snackbars, Cafés, Kinos, ein Spielcasino, Nachtlokale – kurz, alles, was des Urlaubers Herz höher schlagen läßt.

Le Grau-du-Roi

Das beiderseits des Kanals nach Aigues-Mortes ge-

Seekarten:

D 493
BA 1705
F 7053
CG 508

Le Grau-du-Roi

legene malerische Fischerdorf zwischen La Grande-Motte und Port Camargue steht in krassem Gegensatz zu diesen Supermarinas und Touristikzentren. Allerdings ist auch an Le Grau-du-Roi der moderne Tourismus nicht spurlos vorübergegangen: Zahlreiche Betonburgen säumen den Ortsrand. Das typisch mediterrane Fischerdorf jedoch, durchzogen von engen, winkligen Gassen und aus fein herausgeputzten Häusern zusammengefügt, hat sich sein urtümliches Aussehen bewahrt.

Die beiden Kanalufer sind bis zur Drehbrücke meistens von Fischerbooten belegt und freie Plätze hier nur schwer zu finden. Das 3 m tiefe Hafenbecken für Yachten und Fischerboote, *Bassin Pêche,* liegt jenseits der Brücke, die freilich nur zweimal täglich zu bestimmten Zeiten geöffnet wird.

Die etwa 30 m breite Einfahrt in den Kanal öffnet sich nach Südwesten. Sie wird von zwei 200 m langen Molen gebildet, deren Köpfe befeuert sind. Die Wassertiefe im Kanal beträgt bis zur Drehbrücke 4 m, dahinter von 3 auf 2 m abnehmend.

Le Grau-du-Roi ist das Tor zur Camargue, jener berühmten Seen- und Sumpflandschaft zwischen den beiden Mündungsarmen der Rhône und der Küste, die in Europa ihresgleichen sucht. Durch den Bau von Deichen an Petit und Grand Rhône und ein kompliziertes Be- und Entwässerungssystem sind große Teile dieser Landschaft für den Obst- und Reisanbau kultiviert worden. Gleichwohl wurde das nahezu 75 000 ha große Gebiet unter Naturschutz gestellt. 13 000 ha davon sind nur Wissenschaftlern zugänglich: Hier leben, bewacht von den Gardiens, wie einst die weißen Pferde und schwarzen Stiere der Camargue.

Am Westrand dieser kleinen Welt aus stillen Wasserflächen, Reetwäldern und Salzwiesen erhebt sich hinter 8 bis 10 m hohen, 700 Jahre alten Mauern die einstige Kreuzfahrerstadt

Aigues-Mortes

(„Totes Wasser"), ein Ort, in dem die Zeit stehengeblieben zu sein scheint und über dem ein Hauch von Melancholie liegt. Gründer von Aigues-Mortes war Ludwig IX., der Heilige. Er hatte das Gelände von einer nahe gelegenen Abtei erworben, um für seinen geplanten Kreuzzug einen Hafen zu bauen. Er errichtete zwei der gewaltigen Rundtürme und ließ einen Kanal zum Mittelmeer graben, den Grau Louis. Nach zwei gescheiterten Kreuzzügen begann Ludwigs Sohn Philipp im Jahre 1272 mit dem Bau der Festungsmauern. Nach 28 Jahren war die Anlage mit 15 Türmen und zehn Toren fertiggestellt.

Das Denkmal Ludwigs IX. steht auf der hübschen Place St-Louis im Zentrum der Stadt, umgeben von Restaurants und Andenkengeschäften. Über die Zinnen der Festungsmauern ragt der *Tour de Constance* hinaus. Von 1700 an Staatsgefängnis, verbinden die Protestanten der Provence bis heute traurige Erinnerungen mit diesem Turm; denn hin-

Aigues-Mortes – Stadtmauer

Aigues-Mortes – Tour de Constance

ter den bis zu 6 m dicken Mauern schmachteten einst ihre verfolgten Vorfahren. Heute befindet sich in dem mächtigen Rundturm mit seinem Leuchtfeuerkäfig ein Museum.

In der dritten Oktoberwoche wird das Bild von Aigues-Mortes von den *Gardiens,* den berittenen Viehwächtern der Camargue, beherrscht, die zum Viehauftrieb mit jungen Stieren quer durch die Stadt zur Arena galoppieren. Dort findet das unblutige Arenaspiel „Course à la Cocarde" statt, bei dem den Stieren eine Cocarde (Rosette) um die lyraförmigen Hörner geschnürt wird. Beim Wettstreit muß diese Cocarde innerhalb einer Viertelstunde abgerissen werden, sonst ist der Stier Sieger – nur mutige und blitzschnell reagierende Männer können diesen Wettkampf mit den gereizten Stieren gewinnen.

Die 85 Liegeplätze von Aigues-Mortes sind über den 1,30 bis 2 m tiefen Kanal von Le Grau-du-Roi zu erreichen. Etwa 2 km vor der Stadt führt eine Hochspannungsleitung in 16 m Höhe über den Kanal.

Port Camargue

Mit über 4000 Liegeplätzen ist Port Camargue der größte Yachthafen an der französischen Mittelmeerküste. Die künstliche Lagunenstadt mit ihrer interessanten Architektur bietet in ihrem öffentlichen Bereich 1900 Liegeplätze; weitere 2130 sind den Besitzern der Ferienhäuser und -wohnungen vorbehalten. Die gigantische Lagunenstadt ist etwa 70 ha groß. Im Winter leben 500 Menschen hier, im Sommer sind es annähernd 100 000.

Die südlich von Port Camargue liegende *Pointe de l'Espiguette* schiebt sich jährlich nahezu 15 m weiter ins Meer vor. Östlich der Pointe de l'Espiguette schließt sich der *Golfe de Beauduc* an, in dessen Zentrum das für seine alljährliche Zigeunerwallfahrt bekannte

Saintes-Maries-de-la-Mer

liegt. Flache, helle Häuser, Feriensiedlungen und Villen, wie von einem Schiff überragt von der großen befestigten Kirche, prägen das Bild des Ortes, der schon in römischer Zeit besiedelt war. Saintes-Maries-de-la-Mer ist ganz von Wasser umgeben: im Süden das Mittelmeer, im Osten, Norden und Westen das Seengebiet des *Étang de Vaccarès.* Als Zentrum und Hauptort der Camargue lebt das ehemalige Fischerdorf heute in der Hauptsache vom Tourismus.

Westlich der Arena ist in den letzten Jahren ein Yachthafen mit allen Einrichtungen einer modernen Marina und etwa 350 Liegeplätzen für Yachten bis 12 m Länge und 2 m Tiefgang entstanden.

Seinen Namen verdankt Saintes - Maries - de - la - Mer einer Legende: Eines Tages tauchte ein Boot ohne Segel vor der Küste auf und landete dort, wo der Ort heute liegt. Das Boot hatte neben einigen anderen Heiligen drei Marien an Bord und die Schwarze Sarah, Dienerin der Maria Salome. Während zwei der Marien weiterzogen, blieb die dritte gemeinsam mit Sarah hier, um an der Küste das Christentum zu verkünden. Nach ihrem Tod wuchs um ihr Grab der heutige Ort Saintes-Maries-de-la-Mer. Die Gebeine der Sarah werden in der Krypta der befestigten Kirche, die der Maria in einer unzugänglichen Kapelle über dem Chor der mittelalterlichen Wehrkirche von St-Maries aufbewahrt.

Die Dienerin Sarah wurde zur Heiligen der Zigeuner. Alljährlich im Mai findet zu ihrem Gedenken eine Wallfahrt nach St-Maries statt. Aus ganz Europa strömen die Zigeuner herbei, um ihr größtes religiöses Fest zu feiern. Es beginnt am Vorabend des 24. Mai mit einer Nachtwache in der Krypta der Kirche. Höhepunkt des Festes ist die Prozession der Zigeuner zum Meer, wobei an der Spitze des Zuges ein paar Männer die zwei Heiligenstatuen auf ihren Schultern ins Wasser tragen. Begleitet wird der Zug von festlich gekleideten Gardiens in ihren traditionellen Trachten und dem Bischof, der das Wasser als Symbol des Lebens segnet.

Auch sonst bietet St-Maries dem Besucher allerhand Attraktives: An den Straßen nach Aigues-Mortes und Albaron befinden sich zahlreiche Pferdeställe, die Ausritte an den Rand des Naturschutzgebietes anbieten, wobei man von einem Führer begleitet wird. Eine andere Möglichkeit, die Camargue mit einem sachkundigen Führer kennenzulernen, besteht in einem Ausflug mit einem Jeep oder per Schaufelraddampfer: Die

Die befestigte Kirche von Saintes-Maries-de-la-Mer

Seekarten:

D 595
BA 1705
F 6693
CG 507

„Tiki“ fährt während der Saison viermal am Tag in die Wasserwelt des Étang de Vaccarès.

Etwas außerhalb von St-Maries, an der Straße nach Arles, liegt das *Musée du Boumian* mit Wachsfigurenszenerien aus dem Camargue-Leben. Zwei Kilometer weiter befindet sich der *Parc Ornithologique,* in dem man auf einem Rundweg durch die typische Schilf- und Brackwasserlandschaft die charakteristischen Vögel der Camargue beobachten kann. Nördlich an den Parc Ornithologique schließt sich das am Ufer des *Étang de Ginès* gelegene Informationszentrum *Ginès* an. Hier erfährt man alles über die geschützten Lebensräume der Camargue, ihre Tier- und Pflanzenwelt.

Wer etwas Zeit hat und sich intensiver mit der Camargue beschäftigen will, nehme in St-Maries einen Mietwagen und fahre nach *Mas du Pont de Rousty* im Herzen der Camargue. Die Station des Naturschutzverbandes der Camargue, die wie ein kleiner Bauernhof geführt wird, veranschaulicht in einer Ausstellung Entstehen und Erschließung der Rhônedelta-Landschaft. Ein interessanter Lehrpfad führt durch Reisfelder und Weinanbaugebiete, Wildweide, Moor mit Jagdrevier und zu Fischgewässern, die hier zum praktischen Anschauungsunterricht angelegt worden sind.

Ganz in der Nähe von Mas du Pont de Rousty liegt die vielbesuchte Ausflugsstätte *Domaine de Méjanes* des Pastis-Fabrikanten Ricard. Inmitten von 30000 Obstbäumen gelegen, ist sie ganz auf Touristen eingestellt. In einer Stahlgerüst-Arena finden an Sonn- und Feiertagen unblutige Stierkämpfe statt, Pferde werden vermietet, eine auf alt hergerichtete Diesellok zieht unter viel Getöse und Lärm drei Waggons durch das Gelände zum Étang de Vaccarès. Die Flamingos, Enten und anderen Wasservögel lassen sich dadurch nicht stören.

Port Saint-Louis-du-Rhône

Nahe der Mündung der Grand Rhône gelegen, ist Port Saint-Louis-du-Rhône Teil des riesigen Hafenkomplexes von Fos am gleichnamigen Golf. Da sich die Mündung der Grand Rhône ständig weiter ins Meer vorschiebt, sollte man von ihr und dem sich daran anschließenden Küstenstrich *They de la Gracieuse* mindestens 1 sm Abstand halten, ehe man, vorbei an der schwarz-gelb-schwarzen Leuchttonne GE und der schwarz-gelben Leuchttonne GN, in den Golfe de Fos und den Hafen von Port St-Louis einläuft.

Der Hafen ist eigentlich nur für denjenigen interessant, der beabsichtigt, über die Rhône und die anschließenden Kanäle nach Norden zu fahren. An der Wurzel der über 1000 m langen Einfahrtsmole des Kanals nach Port St-Louis liegt backbords ein Hafen mit etwa 70 Liegeplätzen für Yachten bis 9 m Länge und 1,50 m Tiefgang. Weitere Liegeplätze findet man in Port St-Louis selbst in dem Becken vor der Schleuse (hier können auch größere Yachten anlegen) sowie in dem kleinen Hafen am stadtseitigen Ufer der Rhône, etwa 500 m oberhalb der Schleuse. Das Hafenamt befindet sich in unmittelbarer Nähe der Schleuse.

Im Golfe de Fos, gegenüber der alten, idyllischen Hafenstadt *Martigues* am Eingang zu dem inzwischen ölverseuchten *Étang de Berre,* entstand in den letzten Jahren auf 20000 ha Schwemmland Frankreichs ehrgeizigstes und aufwendigstes Industrieprojekt, das „Ruhrgebiet am Mittelmeer“. Raffinerien und Tanklager haben die Landschaft mit einem Schlag verändert. Wenn der Betrieb erst voll angelaufen ist, werden täglich 2500 t Schwefeldioxid auf die Rhônemündung und die Camargue niederregnen. Von den *Alpilles,* dem bergigen Hinterland um die berühmte Ruinenstadt *Les Baux,* die dem Mineral Bauxit seinen Namen gab, wird dieses wertvolle Material zur Aluminiumgewinnung nach Fos transportiert. Stahlkochereien, petrochemische Werke und diverse Weiterverarbeitungsbetriebe komplettieren den Industriekomplex im ehemals unberührten Golfe de Fos.

Port Saint-Gervais

Unterhalb des Ortes *Fos-sur-Mer* ist an der *Pointe de Saint Gervais* ein Hafen mit dem Standard einer modernen Marina für etwa 610 Yachten bis 20 m Länge entstanden. Die Ansteuerung wird durch den 42 m hohen Leuchtturm von St-Gervais mit seinen Sektoren in Rot, Weiß und Grün erleichtert. Yachten sollten die für die Großschiffahrt auf 24 m Tiefe ausgebaggerte und von Bojen begrenzte Fahrrinne im Golfe de Fos meiden und den Hafen bei Nacht in dem weißen oder grünen Sektor des Leuchtfeuers ansteuern.

Etwa 800 m nördlich des Hafens liegt die Ortschaft Fos-sur-Mer, wo es Einkaufsmöglichkeiten sowie zahlreiche Restaurants und Cafés gibt.

Port-de-Bouc

am Ostufer des Golfe de Fos gelegen, ist gleichzeitig die Einfahrt in den *Canal du Caronte,* der den auch von Seeschiffen befahrenen *Étang de Berre* mit dem Mittelmeer verbindet. Das weiträumige Hafengebiet ist vollgestopft mit Schleppern, Lotsenbooten und anderen Berufsschiffen.

Unmittelbar backbords der Hafeneinfahrt liegt der Yachthafen *La Lèque,* in dem etwa 200 Sportboote bis zu 10 m Länge und 1,50 m Tiefgang Platz finden. Weitere Liegeplätze, auch für größere Yachten, findet man in dem neuen Yachthafen etwa 560 m nördlich neben der Einfahrt in den alten *Canal d'Arles.* Man liegt hier in unmittelbarer Nähe der Stadt mit all ihren Versorgungsmöglichkeiten.

Der *Canal du Caronte* führt in die Salzwasserlagune

Étang de Berre

an deren Ufern in den letzten Jahren riesige petrochemische Betriebe entstanden sind, die nicht unerheblich zur Verschmutzung dieses ehemals traumhaften Segelreviers beigetragen haben. Der Zufahrtskanal (Canal du Caronte) ist 9 m tief, und die geringste Brückenhöhe beträgt 21 m.

Anhaltende Winde beeinflussen den Wasserstand und die Strömungen in diesem Binnengewässer sehr stark. Die Gezeitenströme vor den Kanaleinfahrten und im Kanal selbst erreichen eine Geschwindigkeit bis zu 3 kn und können sich bei ungünstigen Windverhältnissen noch verstärken.

Der Étang de Berre hat eine größte Länge von 10 sm und eine größte Breite von etwa 8 sm. Trotz der zahlreichen Fabriken gibt es noch einige reizvolle Plätze, die einen Besuch des Étang lohnen.

Martigues

dessen Altstadtkern auf einer Insel im Canal du Caronte liegt, ist ein idyllisches altes Fischerstädtchen, das sich trotz der Industriebetriebe ringsherum seinen ursprünglichen Charakter bewahrt hat. Die die Stadt in drei Stadtteile unterteilenden Kanäle haben ihr den Beinamen „Venedig der Provence" eingebracht. Verwinkelte, geduckte alte Häuser, deren Fassaden sich im Wasser widerspiegeln, prägen das Ortsbild.

An den befestigten Kanalufern finden Yachten überall in der Stadt zwischen den Fischerbooten kostenlose Liegeplätze. Des weiteren gibt es in dem Kanalarm nördlich der Altstadtinsel an dem gegenüberliegenden Ufer vor dem Hafenamt mehrere Stege mit 300 Liegeplätzen für Yachten. Weitere Liegeplätze findet man nach dem Passieren der Drehbrücke, die die Altstadtinsel mit dem südlichen Kanalufer verbindet, in dem Yachthafen am Étang de Berre. Die Drehbrücke wird mehrmals täglich für die Tanker geöffnet, die die Raffinerien im Nordosten des Étangs beliefern. Für Sportboote wird sie nicht eigens bedient.

Am südlichen Ufer des Étang de Berre verläuft der *Canal de Marseille au Rhône,* der auch für größere Yachten ausreichende Wassertiefe aufweist. Folgt man diesem Kanal von Martigues in Richtung Osten, so gelangt man nach 3 sm zu dem alten Binnenschifffahrtshafen

Port de la Mède

in dem man recht gemütlich liegen kann, aber ohne jeglichen Komfort.

Verläßt man Martigues in nördlicher Richtung, so erreicht man nach etwa 6 sm

Istres Saint-Martin

einen kleinen, künstlich angelegten Yachthafen in einer landschaftlich schönen Umgebung und mit Sandstränden zu beiden Seiten. Der zwischen 2 und 3 m tiefe Hafen verfügt über 200 Liegeplätze, wovon die meisten jedoch von einheimischen Yachten belegt sind.

Ein weiterer Kleinhafen liegt in der nördlichen Ausbuchtung des Étang de Berre:

Port de Saint-Chamas

Der Hafen mit maximal 2 m Wassertiefe bietet etwa 60 Booten Liegemöglichkeiten. Die Liegeplätze verfügen über Wasser- und Stromanschlüsse; Geschäfte, Restaurant und Yachtclub finden sich um den Hafen herum.

Der letzte dieser Kleinhäfen am Étang de Berre ist

Berre l'Étang

im nordöstlichen Zipfel. Er liegt inmitten großer Fabrikanlagen und kann nur von Yachten mit weniger als 1 m Tiefgang angelaufen werden.

Das Industriegebiet im Golfe de Fos zieht sich noch weit nach Südosten hin; in der *Anse de Lauron* ist eine Ölpier für Großtanker angelegt worden. Etwa 1 sm westlich von *Cap Couronne* liegen vor der Küste die beiden schwarz-gelb-schwarzen befeuerten Untiefentonnen *Arnette* und *Carro* (jeweils mit West-Toppzeichen), die man in weitem Bogen rundet, um mit Nordkurs den Hafen und die Bucht von Carro anzusteuern.

Der kleine Naturhafen von Niolon an der „blauen Küste“, deren Kalk- und Kreidefelsen weiß in der Sonne leuchten. Früher gingen die Anwohner von hier aus auf Thunfischfang – heute haben wohlhabende Bürger aus Marseille in Niolon ihre Sommerhäuser

2 Provence

RHÔNEMÜNDUNG BIS CAP DE SAINT-TROPEZ

1 *Carro, das ehemalige Thunfischfängerdorf*

2 *Eine malerische Ankerbucht zwischen Carro und Sausset-les-Pins*

3 *Sausset-les-Pins mit seinem Yachthafen*

1

1 *Carry-Le-Rouet mit seinem Yachthafen ist wegen des Hochhauses dicht am Hafen nicht zu verfehlen*

2 *La Redonne ist bisher vom Tourismus verschont geblieben*

3 *Calanque de Méjean – die zauberhafte Ankerbucht lockt im Sommer zahlreiche Yachten an*

Der Yachthafen Port du Frioul mit der Großstadt Marseille im Hintergrund. Dazwischen die Île d'If mit der im Jahre 1524 errichteten Festung Château d'If, die vom 17. Jahrhundert an als Staatsgefängnis diente. Ihr berühmtester Insasse, der Graf von Monte Christo aus dem Roman von Alexandre Dumas, hat das Gefängnis jedoch nie gesehen. Die alten Kerker sind heute zur Besichtigung frei gegeben

1 *und* **2** *In dem großen Yachthafen L'Estaque am westlichen Stadtrand von Marseille liegt man fernab vom Trubel der Großstadt*

3 *Der neue Yachthafen Port de Pointe Rouge am südlichen Stadtrand von Marseille, dessen Häuser im Hintergrund die sanft ansteigenden Hügel hinaufwachsen und hinter den Kuppen des Hinterlandes verschwinden*

4 *Im Vieux Port von Marseille liegt man mitten im bunten Treiben der Stadt – mit allen Sehenswürdigkeiten in unmittelbarer Nähe. Die Hafeneinfahrt wird flankiert von den Festungen Saint-Jean und Saint-Nicolas. Der kleine Yachthafen La Réserve an Steuerbord vor der Hafeneinfahrt ist ein Privathafen ohne Liegeplätze für Gäste*

5 *Der Port du Frioul ist sicher der angenehmste Yachthafen von Marseille. Er liegt östlich des Damms zwischen den Inseln Pomègues und Ratonneau. Von hier aus fährt man standesgemäß mit der Hafenbarkasse zum Shopping nach Marseille*

1

2

3

4

5

1

2

1 *Nördlich einer imposanten Schiffswerft liegt der Yachthafen von La Ciotat mit seinen zwei Becken, dem südlichen Bassin Bérauard (rechts) und dem nördlichen Bassin des Capucins (links)*

2 *Der neue und der alte Yachthafen Port Les Lecques am Ostufer der Baie de la Ciotat. Der alte Hafen (rechts) kann nur von Yachten mit geringem Tiefgang angelaufen werden*

3 *Der am Cap des Moulins liegende Port Saint-Jean für Jollen und kleine Motoryachten ist wegen der schönen Strände beiderseits des Caps sehr beliebt*

Provence – das sind römische Ruinen im sonnigen Süden, ausgedehnte Lavendelfelder, Rosmarin- und Thymiansträucher, Oliven und Zypressen, große Volksfeste mit Troubadouren, ist buntes Markttreiben, Sandwein, Lavendelhonig, Bouillabaisse und Lamm provençal. Industrie und die Großstadt Marseille gehören ebenso dazu wie zauberhafte Inseln, zahlreiche kleine und große Yachthäfen und malerische Ankerbuchten.

Carro

Bei Nacht weist der weiße Sektor des Molenfeuers den Weg. Der Hafen bietet etwa 200 Yachten bis zu einer Länge von 16 m und bis zu einem Tiefgang von 2 m sichere und bequeme Liegeplätze. Größere Yachten können in dem sich östlich anschließenden *Crique de Caroussel* auf 3 bis 7 m Wassertiefe ankern. Das alte Thunfischfängerdorf Carro hat sich in den letzten Jahren zu einem beliebten Seebad entwickelt.

Die Küste östlich von Cap Couronne mit seinem weittragenden Leuchtfeuer ist stark zerklüftet. Von der *Chaîne de l'Estaque* überragt, findet man hier zahlreiche, gegen Mistral hervorragend geschützte Ankerplätze. Noch bis vor 20 Jahren lebten die Bewohner der Küstenregion zwischen Cap Couronne und Marseille in der Hauptsache vom Thunfischfang. Überfischung und die durch die Industrialisierung des Golfe de Fos verursachte Wasserverschmutzung haben jedoch bewirkt, daß sich nur noch selten ein Thunfischschwarm in diese Gegend verirrt. Heute lebt diese Region von der Industrie am Golfe de Fos, zum weitaus größten Teil aber inzwischen vom Tourismus.

Sausset-les-Pins

Aus dem ehemaligen Thunfischfängerhafen in der Bucht westlich des Ortes ist ein moderner Yachthafen mit etwa 300 Liegeplätzen für Sportboote bis 12 m Länge und 2 m Tiefgang entstanden. Man steuert mit Nordkurs in die nach Süden offene Einfahrt, deren Molenköpfe nachts befeuert sind.

Carry-le-Rouet

Das einstige Fischerdorf hat sich zu einem modernen Seebad entwickelt, mit einem Yachthafen, der gut 300 Liegeplätze aufweist. Der Ort liegt landschaftlich reizvoll vor den bewaldeten Hängen der Chaîne de l'Estaque und ist an dem 20stöckigen Hochhaus unmittelbar hinter dem Hafen gut auszumachen. Bei Nacht brennt auf der westlichen Felshuk ein Leuchtfeuer; die beiden Molen, die den Hafen schützen, sind ebenfalls befeuert. Im Ort finden sich Lebensmittelgeschäfte, Restaurants, Cafés und zahlreiche Bars. Von den Restaurants ist das „L'Escale" wegen seiner hervorragenden Fischgerichte besonders zu empfehlen.

Etwa 1 sm östlich von Carry-le-Rouet befindet sich vor der kleinen Ortschaft Le Rouet

Port du Rouet

Der winzige, von zwei Molen gebildete Hafen kann nur von Kleinbooten bis 0,50 m Tiefgang angelaufen werden. Größere Yachten ankern vor dem Strand auf 5 bis 10 m Wassertiefe. Zahlreiche kleine Strände zwischen den steilen Felswänden und den der Küste vorgelagerten Klippen verlocken zum Baden.

Je steiler die Küste Richtung Marseille wird, desto kleiner werden die Häfen. Nur 1 sm östlich von Port du Rouet liegen die beiden ineinander übergehenden Kleinhäfen

Port de Gignac et La Redonne

Am besten ankert man südlich der Einfahrt auf 5 bis 10 m Wassertiefe und geht mit dem Beiboot an Land. Diese Gegend ist vom Tourismus noch unberührt, und selbst die unmittelbare

Nähe der Millionenstadt Marseille macht sich noch kaum bemerkbar.

Calanque de Méjean

Die kleine, unmittelbar westlich des markanten Cap Méjean gelegene Ankerbucht bietet außer bei südlichen Winden hervorragenden Schutz. Die Ansteuerung ist wegen der 1-m-Untiefe dicht südlich der Bucht und der zahlreichen, dem Westufer vorgelagerten Klippen nicht ganz einfach. Ein Mann im Burgkorb jedoch kann dank des klaren, sauberen Wassers die Yacht mühelos an einen sicheren Platz lotsen. Wegen ihrer zauberhaften Umgebung wird die Ankerbucht im Sommer von zahlreichen Sportbooten angelaufen.

In der östlichen Einbuchtung der Calanque de Méjean befindet sich ein kleiner Hafen, in dem man gegebenenfalls mit dem Beiboot anlegen kann.

Port de Niolon

Der hübsche Naturhafen, der von zwei kurzen Molen geschützt wird, ist von zahlreichen Sommerhäusern wohlhabender Marseiller Bürger umgeben. Yachten ankern entweder innerhalb der Molen auf 2 bis 3 m Wassertiefe oder außerhalb auf 10 m. Am Strand sind mehrere Dingi-Landeplätze. Restaurants, Geschäfte und Cafés findet man in der netten kleinen Ortschaft.

Marseille

Eine Stadt der Superlative: Marseille ist nicht nur die älteste und zweitgrößte Stadt Frankreichs, sie verfügt mit über 8000 Plätzen auch über das größte Liegeplatzangebot. Der Name Marseille steht freilich auch für Kriminalität (die höchste in Frankreich), Drogenhandel, Mafia. Nicht zu vergessen gutes Essen (Bouillabaisse) und das Vielvölkergemisch des *Quartier Arabe,* einem engen Stadtviertel in der Nähe des Bahnhofes, wo etwa 20000 Ausländer, zumeist Nordafrikaner, leben.

Die Stadt liegt einmalig schön an der *Rade de Marseille.* Ihre Häuser wachsen die sanft ansteigenden Hügel hinauf und verschwinden hinter den Kuppen des Hinterlandes. Die Rade de Marseille wird nach Süden von den *Îles du Frioul* (Île Ratonneau, Îlot Tiboulen, Île Pomègue und Île d'If) abgeschirmt.

An der Stelle des heutigen Marseille gründeten bereits die Ligurer eine erste Siedlung. 600 v. Chr. entdeckten

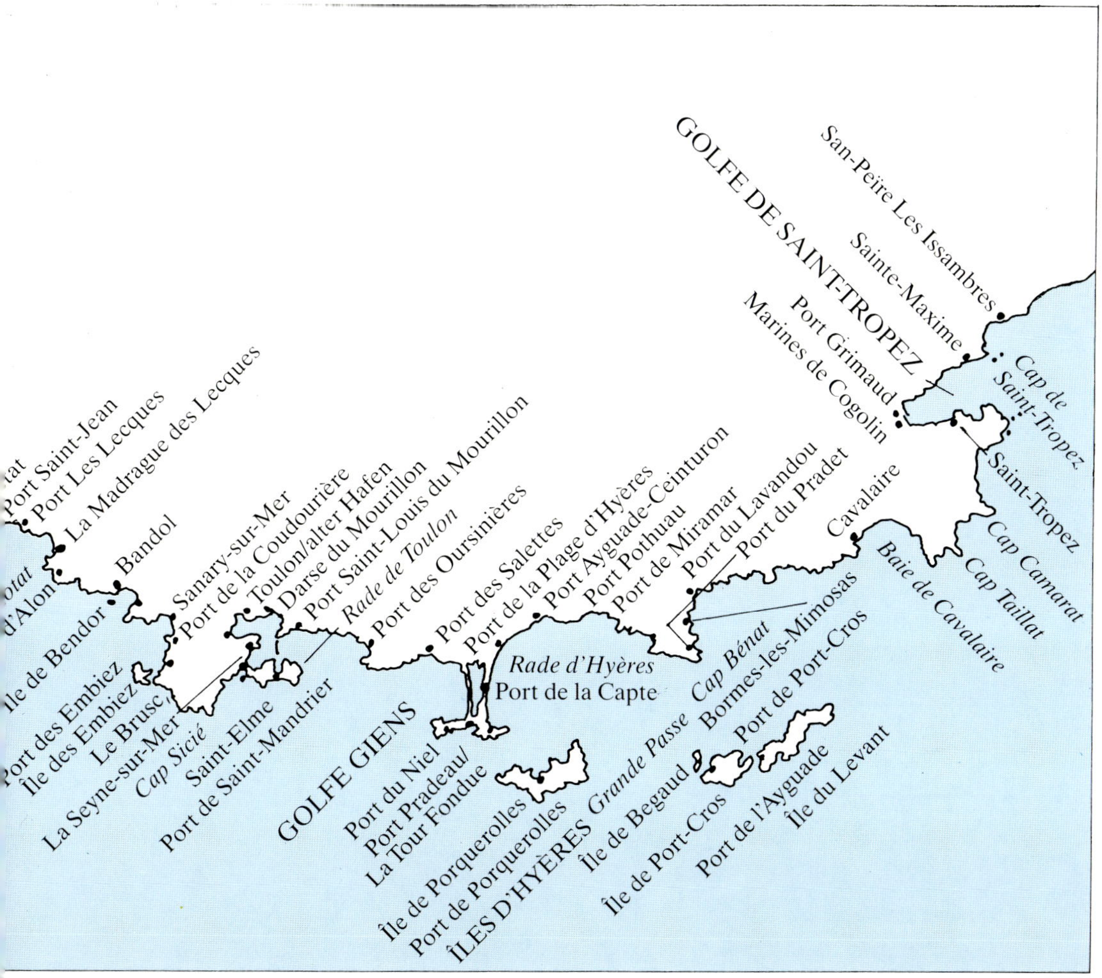

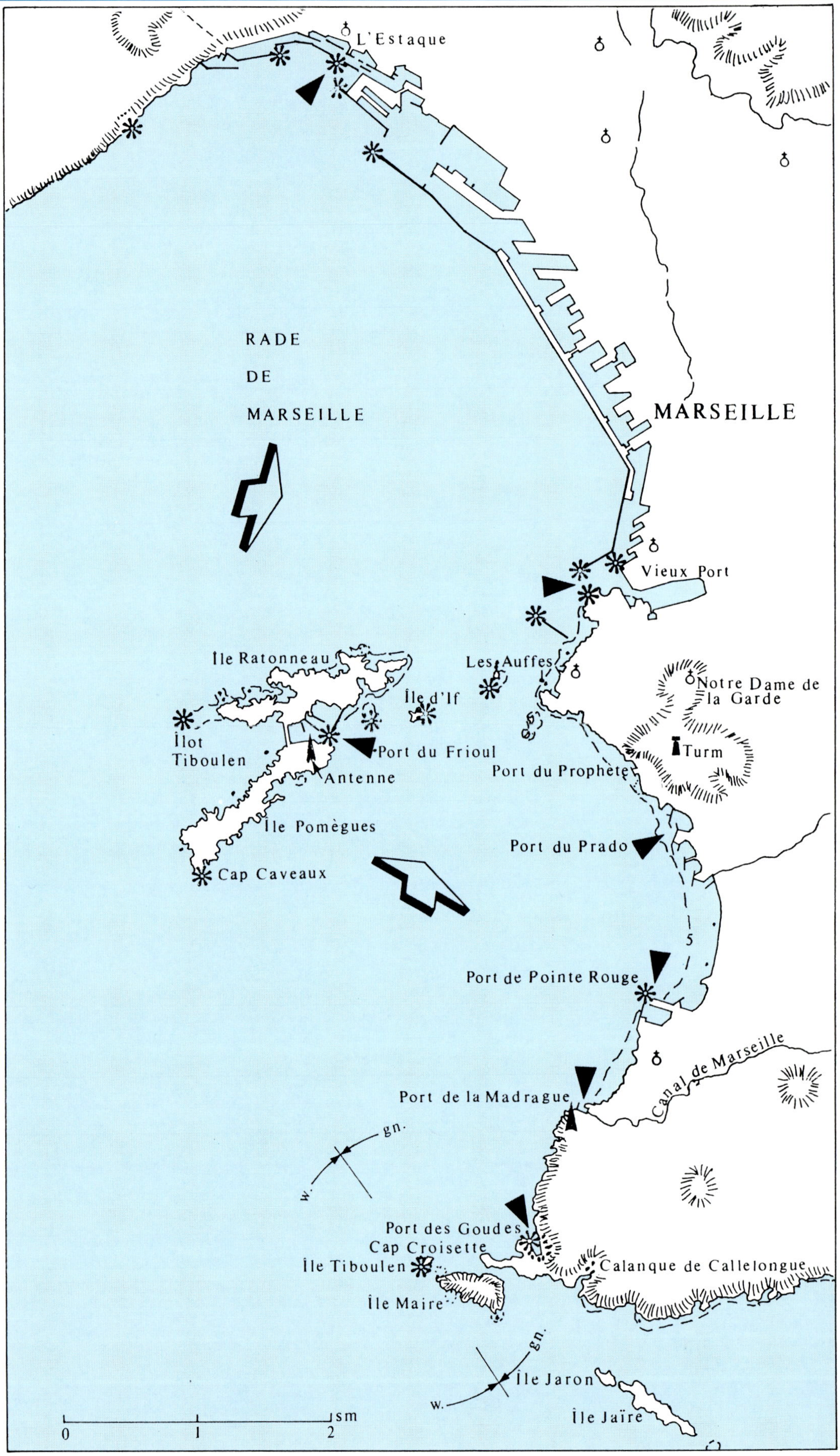

L'Estaque
RADE
DE
MARSEILLE
MARSEILLE
Vieux Port
Les Auffes
Notre Dame de
la Garde
Turm
Île Ratonneau
Île d'If
Îlot
Tiboulen
Port du Frioul
Antenne
Port du Prophète
Île Pomègues
Port du Prado
Cap Caveaux
5
Port de Pointe Rouge
Canal de Marseille
Port de la Madrague
gn.
w.
Port des Goudes
Cap Croisette
Île Tiboulen
Calanque de Callelongue
Île Maire
gn.
Île Jaron
w.
Île Jaïre
0
1
2
sm

die Griechen die günstige Lage dieses Platzes und errichteten eine Niederlassung, aus der sehr schnell die Stadt Massalia erwuchs. Bald entwickelte sich Massalia zu einem der wichtigsten Handelsorte am Mittelmeer und war bis zu den Punischen Kriegen Hauptkonkurrent Karthagos.

49 v. Chr. wurde die Stadt von Cäsars Feldherrn Treborius unterworfen und der römischen Provinz Gallia Narbonensis einverleibt. Mit dem Untergang des Weströmischen Reiches und den Wirren der Völkerwanderungszeit sank Massalia zur Bedeutungslosigkeit herab. Erst zur Zeit der Kreuzzüge erholte sich die Stadt wieder und wurde neben Pisa, Genua und Venedig zur mächtigsten Handelsmetropole im Mittelmeerraum.

Mit der Entdeckung Amerikas ging ein erneuter Niedergang einher – die Häfen am Atlantik liefen Marseille den Rang ab. Dann aber, mit der Schaffung des französischen Kolonialreiches um 1830 und der Eröffnung des Suezkanals 1896, wurde die Stadt „Europas Tor zum Orient". Der Hafen wurde ständig erweitert und ausgebaut. Für die Mammutschiffe sind in den letzten Jahren im Golfe de Fos neue Hafenanlagen geschaffen worden.

Um die Rade de Marseille herum liegen die Yachthäfen von Marseille: L'Estaque, Vieux Port, Port du Frioul, Port de Pointe Rouge, Port de la Madrague und Port de Goudes.

L'Estaque

befindet sich nahe der Einfahrt zum Tunnel des *Canal de Marseille au Rhône,* der 1927 eingestürzt ist. Die Einsteuerung erfolgt durch die Osteinfahrt (die nördliche Einfahrt war für die Benutzer des Kanaltunnels bestimmt). In den Hafenbekken gibt es insgesamt 1500 Liegeplätze für Yachten bis 20 m Länge und 2 m Tiefgang. Der Hafen ist mit allen Einrichtungen einer modernen Yachtmarina ausgestattet. L'Estaque ist ein Vorort von Marseille, das man in 20 Minuten mit dem Bus erreicht.

Marseille – Panorama des Alten Hafens

Vieux Port

Der Vieux Port (Alter Hafen) war früher die Drehscheibe des Orienthandels. In der Zeit von 1845 bis 1850 wurden die sich nördlich anschließenden Hafenbecken angelegt, deren Hauptmole, die *Digue du Large,* 4 sm lang ist.

Die Einfahrt in den Vieux Port wird flankiert von den Festungen Saint-Jean (15. Jahrhundert) und Saint-Nicolas (17. Jahrhundert). Von beiden Forts aus hat man einen herrlichen Blick über den Hafen. Das Leuchtfeuer auf der *Pointe de la Désirade* und ein Feuer am Ende der großen Mole vor dem Handelshafen erleichtern die Ansteuerung bei Nacht.

An den 40 Stegen des Vieux Port sowie in dem davor liegenden alten, kleinen Yachthafen und dem Bassin de Cerénage finden etwa 3000 Yachten sichere und bequeme Liegeplätze. Gastyachten machen zunächst an dem breiten Querkai vor dem Gebäude der Capitainerie und dem Zollamt fest, wo sie sich einen Platz zuweisen lassen. Alle Liegeplätze verfügen über Wasser- und Stromanschlüsse.

Das Panorama des Alten Hafens ist faszinierend, und die Kais mit ihren Restaurants, Cafés und Bars sind voller Leben. Unmittelbar hinter dem Hafen steht das *Palais de la Bourse,* in dem ein kleines Marinemuseum untergebracht ist. Hier beginnt die Prachtstraße von Marseille, *La Cannebière,* die auf den ersten Blick wie ein Pendant zu den Champs-Élysées in Paris anmutet, mit eleganten Geschäften und Cafés, hervorragenden Restaurants und zahlreichen Bars. Nördlich der Straße liegen das Quartier Arabe und die ärmeren Stadtviertel, südlich von ihr und dem Vieux Port die feineren Stadtteile.

Im Quartier Arabe hat man den Eindruck, Europa verlassen zu haben: In bunte Tücher gewickelte Afrikanerinnen und bärtige Turbanträger beherrschen das Straßenbild. Die Straße Cours Belsunce wirkt wie ein einziger, riesiger orientalischer

Seekarten:

D 595, 596 und 437
BA 2607
F 6767
CG 505 und 504

Bazar – hier wird aber auch alles feilgeboten, vom altmodischen Herrenanzug bis zur kitschig bunt bemalten Öllampe. Die Nebengassen machen einen düsteren und muffigen Eindruck; die vielen Briefkästen in den Hauseingängen lassen vermuten, wie eng es dahinter zugehen muß. Kleine Geschäfte, zahlreiche preiswerte Restaurants mit afrikanischer Küche und Türkische Bäder findet man in diesen Gassen. In einer hocken die Schriftgelehrten wie Propheten und warten auf die des Schreibens Unkundigen – für ein paar Franc werden Briefe aufgesetzt.

Auch dem Kunst-, Kultur- und Geschichtsfreund hat Marseille viel zu bieten: Die stadtgeschichtlichen Museen findet der Besucher allesamt im Bereich der Altstadt. Eindrucksvolle Überreste des alten griechischen Hafens sind in den Parkanlagen des *Jardin de Vestiges* und dem dortigen Museum ausgestellt. Überreste aus römischer Zeit, nach dem Zweiten Weltkrieg entdeckt und systematisch ausgegraben, können an ihrem Fundort im Souterrain des *Musée des Docks Romains* besichtigt werden. Die weitere Entwicklung von Marseille wird durch die Sammlungen des Museums *Vieux Marseille* im *Maison Diamantée* aus dem 16. Jahrhundert veranschaulicht. Im *Château Borely,* einer Kaufmannsvilla aus dem 18. Jahrhundert, kann man Altertümer aus dem gesamten Mittelmeerraum bewundern, darunter eine der bedeutendsten ägyptischen Sammlungen Europas. In einem Nebengebäude befindet sich die Rekonstruktion eines gallischen Heiligtums.

Ein Bauwerk ganz anderer Art ist das in der Zeit von 1947 bis 1952 von Le Corbusier errichtete Wohnhochhaus *Unité d'Habitation* nahe dem Kongreß- und Messegelände beim Amable-Chanot-Park.

Überragt wird Marseille von seinem Wahrzeichen, der Kirche *Notre-Dame-de-la-Garde,* die auf einem 162 m hohen Kalksteinfelsen über der Stadt thront. Mitte des 19. Jahrhunderts in romanisch-byzantinischem Stil an der Stelle einer alten Wallfahrtskapelle der Seeleute errichtet, ist sie gekrönt von einer fast 10 m hohen, vergoldeten Marienstatue. Jährlich am 15. August ist die Kirche Ziel von Wallfahrern aus vielen Teilen der Provence. Man kann mit einem Schrägaufzug hinauffahren, um von dort oben den herrlichen Rundblick auf die Stadt und das Meer zu genießen.

Marseille – Unité d'Habitation von Le Corbusier

Am südlichen Kai des Vieux Port (Quai de Rive-Neuve) liegen die Restaurants so dicht an dicht, daß die Wirte einander die Hand reichen können. Als eine der besten Adressen für die Marseiller Spezialität *Bouillabaisse* gilt das Restaurant „Les Catalans". Weitere gute Restaurants sind „Barone", „Chez Angèle", „Aux Deux Sœurs" und „La Charpenterie". Eine urige Marseiller Kneipe ist „L'Abbaye de la Commanderie".

Port du Frioul

ein wie eine moderne Marina ausgestatteter Yachthafen mit 1500 Liegeplätzen, liegt östlich des Damms, der die beiden weißen Kalkfelseninseln Ratonneau und Pomègues miteinander verbindet. Von Marseille kommend, lasse man bei der Ansteuerung die *Île d'If* an Backbord und die schwarzgelbe, befeuerte Untiefentonne an Steuerbord, ehe man in die nach Osten offene Einfahrt einsteuert. Der Kopf der Ostmole ist befeuert.

In den Sommermonaten verkehren nahezu stündlich kleine Fährschiffe von hier zum Vieux Port in Marseille.

Die im Jahre 1524 auf der *Île d'If* errichtete Festung *Château d'If* war vom 17. Jahrhundert an Staatsgefängnis. Ihr bekanntester Insasse, der Graf von Monte Christo aus dem Roman von Alexandre Dumas, hat das Gefängnis allerdings nie gesehen. Die alten Kerker sind heute zur Besichtigung freigegeben.

Südlich des Vieux Port reihen sich um den Hügel *Le Roucas Blanc* einige kleinere Yachthäfen: **Les Auffes, Port du Prophète** und **Port du Prado,** der sich bis zur Mündung des Flüßchens L'Auveaune erstreckt. In diesen Häfen liegen zum größten Teil Motoryachten und Jollen, denn sie sind nur zwischen 1 und 2 m tief. Ihre intime und private Atmosphäre, fernab vom Großstadtrummel des Vieux Port und der übrigen großen Marinaanlagen, macht sie zu einem beliebten Ziel von kleineren Yachten.

Der kleine Yachthafen Les Auffes

Port de Pointe Rouge

Der südlich von Marseille vor dem Vorort La Pointe Rouge liegende Yachthafen wurde erst vor wenigen Jahren gebaut und bietet an seinen Stegen und Kais 1400 Yachten bis 12 m Länge und 4 m Tiefgang sichere und bequeme Liegeplätze mit allem Komfort. Die Ansteuerung der nach Norden offenen, 7 m tiefen Einfahrt bereitet keinerlei Schwierigkeiten; der Kopf der westlichen Mole ist befeuert. Mit dem Stadtzentrum von Marseille besteht regelmäßige Busverbindung.

Port de la Madrague

Der Fischer- und Yachthafen liegt am Südende der ehemals selbständigen Ortschaft Montredon, die heute ein Vorort von Marseille ist, und nahe der Einmündung des Canal de Marseille.

In dem 1 bis 3 m tiefen Hafenbecken liegen an den Kais und Stegen einige hundert Fischerboote und einheimische Yachten. Die Ansteuerung der nach Nordosten offenen, 5 m tiefen Einfahrt bereitet bei Tag keine Schwierigkeiten. Da die Molenköpfe nicht befeuert sind, ist von einem nächtlichen Einlaufen abzuraten.

Die hübsche Altstadt von Montredon und die Ruhe des Hafens lohnen den Versuch, einen freien Liegeplatz zu finden.

Port des Goudes

Der kleine Fischer- und Yachthafen des Fischerdorfes Les Goudes liegt etwa 600 m nordöstlich des Cap Croisette. Die Ansteuerung der nach Norden offenen Einfahrt ist problemlos, wenn man die rote Tonne, die den unter Wasser liegenden Ausläufer der Mole bezeichnet, einlaufend an Backbord läßt. Die Westmole ist befeuert.

Einen Liegeplatz an den Kais zu finden, wo es etwa 2 m tief ist, beziehungsweise an dem Steg mit 1 m Wassertiefe gelingt selten. Dann bleibt einem nichts anderes übrig, als im Vorhafen auf 2 bis 4 m Wassertiefe zu ankern. Aber auch hier geht es im Sommer in der Regel dicht gedrängt zu.

Das Fischerdorf mit seinen gemütlichen Cafés und Restaurants lockt viele Besucher an.

Dem Cap Croisette vorgelagert sind die Inseln *Maire* und *Tiboulen* mit einem weittragenden Leuchtfeuer, an die sich im Südosten das Inselgewirr Île Jaron, Île Jaïre, Île Calseraigue und Île Riou anschließt.

Der Küstenabschnitt der *Montagne de Marseilleveye* gehört zu den schönsten der französischen Mittelmeerküste. Die *Calanques* (aus der ligurischen Sprache abgeleitetes Wort für Schutzbucht) mit ihren schmalen, tief in den Kalkstein gewaschenen Fjorden reichen bis La Ciotat und bieten zahlreiche hübsche Ankerplätze.

Calanque de Callelongue

Dieser tiefe Fjord liegt nur etwa 0,5 sm östlich des Cap Croisette vor einem hübschen Fischerdorf mit Anlegemöglichkeiten für kleine Yachten.

Calanque de Sormiou

Ein besonders bei Mistral sicherer Ankerplatz mit einem maximal 1 m tiefen Kleinhafen am Ende des Fjords. Yachten ankern außerhalb der Mole auf 5 bis 10 m Wassertiefe.

Calanque de Morgiou

Auch hier befindet sich am Ende der Bucht eine kleine Mole, hinter der Fischerboote und kleine Yachten am Kai liegen. Größere Yachten ankern in angemessenem Abstand von der Mole und bringen eine lange Heckleine zur Steinmole aus. Unmittelbar am Hafen gibt es ein hervorragendes Restaurant.

Port du Frioul und *Calanque d'En-Veau* westlich der Pointe Cacao sind bezaubernde Badebuchten: schmaler Sandstrand, ringsum steil aufragende Felsen mit bizarren Formen, Kiefern in leuchtendem Grün, dazu das Blau des Meeres. Die Buchten werden regelmäßig von Ausflugsbooten aus Cassis angelaufen.

Calanque d'En-Veau

Port Miou

Der fast 1 sm tiefe, schmale Fjord ist zu einem Yachthafen ausgebaut worden. An den Holzstegen liegen einige hundert Sportboote. Yachtclubs und kleinere Reparaturbetriebe säumen die Ufer. Die bei allen Windrichtungen und Wetterbedingungen Schutz bietende Bucht ist während der Sommermonate regelmäßig überfüllt. Yachten finden im vorderen Teil auf 7 bis 10 m Wassertiefe jedoch einen sicheren Ankerplatz.

Ein Steinbruch, der an Werktagen beträchtlichen Lärm verursacht und alles mit einer dicken Staubschicht überzieht, stört freilich die Idylle dieses Fjordes. Die Steine werden hier zum Weitertransport in Barkassen verladen.

Cassis

Der kleine Fischer- und Badeort liegt im nördlichen

Seekarten:

D 596
BA 2607
F 6882
CG 504

1

2

3

1 *Im Vordergrund die Île de Bendor mit dem kleinen Hafen an ihrer Nordseite. Gegenüber der Yachthafen von Bandol, von dem aus regelmäßig Fährboote zu der Île de Bendor verkehren*

2 *Sanary-sur-Mer, ein sympathischer Hafen vor einem malerischen Ort*

3 *La Madrague des Lecques*

1 *Der Yachthafen der Île des Embiez. Im Hintergrund die Festlandsküste mit dem Hafen Le Brusc (oben rechts)*

2 *Der Port de la Coudourière ist so stark versandet, daß er nur noch von kleinen, flachgehenden Yachten angelaufen werden kann*

3 *In Le Brusc, Ausgangshafen für Besuche der Île des Embiez, liegen überwiegend Fischerboote und kleine Yachten. Die Bucht zwischen Le Brusc und der Île des Embiez ist ein beliebter Ankerplatz*

4 *Port des Embiez. Der Hafen der Île des Embiez erfreut sich dank des guten Service und seiner Ruhe großer Beliebtheit. Die Insel lädt zu Spaziergängen ein*

1

2

3

4

Port des Embiez an der Nordseite der Île des Embiez, die sich ebenso wie die Île de Bendor im Besitz des Pastis-Fabrikanten Ricard befindet, der auf beiden Inseln attraktive Urlaubs- und Freizeitzentren gebaut hat. Der Hafen bietet etwa 600 Yachten komfortable Liegemöglichkeiten

1 *Die felsige Südküste der Île de Porquerolles steigt über 100 m steil aus dem Meer auf*

2 *Der Yachthafen der Île de Porquerolles zu Füßen des gemütlichen Dorfes*

3 *Eine malerische Ankerbucht an der Nordseite der Île de Porquerolles*

1

1 *Der Yachthafen Bormes-les-Mimosas*
2 *Cap de Brégançon, Sommerresidenz des französischen Staatspräsidenten*
3 *Der kleine Yachthafen Port de Miramar*
4 *Port du Lavandou, etwa 0,7 sm nördlich von Bormes-les-Mimosas*

Teil der gleichnamigen Baie. Cassis war einst ein verträumtes Nest, bis Maler der impressionistischen Schule es entdeckten und die gesamte Pariser Kunstszene von der Côte d'Azur hierher zog. Und die Touristen zogen nach.

Trotz des Rummels konnte sich Cassis seinen ursprünglichen Charme bewahren. Der alte Ortskern mit seinen engen, winkligen Gassen und kleinen, niedrigen Häusern grenzt unmittelbar an den Hafen. Oberhalb des Ortes, am Ausläufer des Tales, blicken bizarre Felsköpfe auf das Städtchen herab. Auf dem nahen bewaldeten Bergrücken stehen einige hübsche Villen inmitten von Pinienwäldchen und ein Schloß aus dem 14. Jahrhundert, das einem Sohn des Reifenfabrikanten Michelin gehört.

Die Ansteuerung des Hafens ist bei ruhigem Wetter problemlos. Bei auflandigen Winden aus Südost bis Südwest jedoch baut sich in der Baie de Cassis rasch eine gefährliche Kreuzsee auf, die die Einfahrt erheblich erschwert und zu einem Balanceakt werden läßt.

Der mit allem Komfort ausgestattete Hafen verfügt über etwa 450 Liegeplätze. Der nördliche Kai und der hintere Hafenbereich werden zum großen Teil von Fischer- und Ausflugsbooten eingenommen. Unmittelbar am Hafen gibt es Geschäfte, Cafés und Restaurants. Von den Restaurants sind besonders zu empfehlen das romantisch eingerichtete „Flibustier" und das „Liautaud" (allerdings nicht ganz billig).

Südöstlich des Hafens liegt ein hübscher Sandstrand.

Die rote Sandsteinküste südöstlich von Cassis bis zum *Bec de l'Aigle* (Adlerschnabel) steht den Calanques du Canier westlich von Cassis in nichts nach. Über 300 m hoch steigen die Felsen nahezu senkrecht aus dem Meer. Die verrosteten Autowracks am Fuß der Klippen und an den Hängen beeinträchtigen das Landschaftsbild jedoch sehr.

Die Küste bietet mit der **Calanque du Canier** und der **Calanque Figuerolles** zwei hübsche, nach Südwesten offene Ankerplätze. In der Calanque Figuerolles befindet sich am Ende der Bucht eine kleine Betonpier mit 2 m Wassertiefe davor, im Scheitel des Fjordes ein kleiner Sandstrand mit einem Restaurant dahinter.

Östlich von Cap de l'Aigle liegt die **Île Vert** vor der Küste. An ihrer Nordseite gibt es einen nach Norden offenen, hübschen Tagesankerplatz zwischen steil aufragenden Felsen. Am Ende der Bucht ist ein kleiner Dingi-Anleger.

La Ciotat

Der am Westausgang der *Baie de la Ciotat* liegende Ort wird beherrscht von einer imposanten Schiffswerft, in deren Docks bis zu 300 000 BRT große Mammuttanker auf Kiel gelegt werden. Der alte Hafen nordwestlich der Werftanlagen, der vollgestopft ist mit Fischer- und Ausflugsbooten, hat sich seinen Charme als Fischerhafen erhalten können. An den Kais finden auch einige Yachten Liegemöglichkeiten. Nördlich der Werftanlagen liegt der neue Yachthafen mit dem Standard einer modernen Marina.

Die Ansteuerung von La Ciotat ist problemlos. Von Westen kommend, kann man zwischen dem Cap de l'Aigle und der Untiefentonne *Calanque St-Pierre* hindurch die Île Vert passieren. Die Riesenkräne der Schiffswerft sind schon von weitem gut auszumachen. Zahlreiche Feuer erleichtern die nächtliche Ansteuerung.

Der neue Yachthafen bietet in den beiden Hafenbekken *Bassin Bérauard* und *Bassin des Capucins* 650 Liegeplätze für Yachten bis 15 m Länge und 3,50 m Tiefgang. Besucheryachten sollten zunächst das nördliche Bassin des Capucins anlaufen, um sich einen Liegeplatz zuweisen zu lassen.

Der kleine, nördlich des Yachthafens liegende Hafen ist nur 1 m tief und für Fischer- und örtliche Kleinboote reserviert.

Zahlreiche Strände säumen die Ufer der Baie de la Ciotat. In ihrem nördlichen Scheitel liegt am *Cap des Moulins* der Kleinhafen **Port Saint-Jean,** der etwa 50 Jollen und kleine Motorboote beherbergt. Für einen Badeaufenthalt kann man in der Nähe des Hafens auf 3 bis 6 m Wassertiefe über gut haltendem Sandgrund ankern. Ein Segelclub und eine Surfschule haben hier ihr Domizil. Am Hafen gibt es ein kleines Restaurant.

Port Les Lecques

Am Nordufer der gleichnamigen Baie, die das östliche Ufer der Baie de la Ciotat einnimmt, liegt der wie eine moderne Marina ausgestattete neue Yachthafen, der sich westlich an den bisherigen Hafen anschließt. Das hübsche Seebad *St-Cyr-les-Lecques* mit seinem 1 km langen Sandstrand zieht sich um die Bucht und ist Ziel zahlreicher Urlauber.

Die Ansteuerung bereitet keinerlei Schwierigkeiten. Die Einfahrt des alten Hafens öffnet sich nach Osten, die des neuen nach Westen. Die Molenköpfe sind befeuert. Im neuen Yachthafen gibt es 430 Liegeplätze für Yachten bis 15 m Länge und 2,50 m Tiefgang. Der alte Hafen mit seinen 250 Plätzen kann nur von Yachten bis 1 m Tiefgang angelaufen werden.

In dem Seebad St-Cyr-les-Lecques findet man zahlreiche Restaurants, Cafés und Lebensmittelgeschäfte. Im *Musée de Tauroentum* kann man prächtige römische Mosaiken besichtigen.

Am Südufer der Baie des Lecques liegt der Yachthafen

La Madrague des Lecques

Das nördlich eines gut auszumachenden Turmes

befindliche Hafenbecken hat etwa 300 Liegeplätze für Yachten bis 1,50 m Tiefgang. Ein großer Teil des Beckens ist weniger als 1 m tief; im südlichen Bereich liegen zahlreiche Boote an Bojen.

Bei ruhigem Wetter bereitet die Ansteuerung keinerlei Schwierigkeiten. Bei auflandigen Winden aus Nord bis Südwest jedoch ist von einem Anlaufen dringend abzuraten.

Mistral erzeugt starken Schwell im Hafen. An der Südseite des Hafens, neben dem Turm, findet man ein Restaurant.

Zwischen der Baie de la Ciotat und Bandol weist die Küste einige hübsche Tagesankerplätze auf, wie

Le Port d'Alon

einen Naturhafen, der seewärts von zwei kurzen Molen begrenzt wird. Kleine Yachten ankern hinter den Molen auf 2 bis 3 m Wassertiefe, größere außerhalb auf 3 bis 5 m. Hinter dem kleinen Sandstrand in der nördlichen Einbuchtung befindet sich ein Café.

In der *Baie de la Moutte* kann man auf 5 bis 8 m Wassertiefe über gut haltendem Sandgrund ankern.

In der Nähe der kleinen Felseninsel *Île Rousse* steht an Land ein riesiger Block mit Ferienappartements, zu dem der Yachthafen **Les Engraviers** gehört. Gastliegeplätze gibt es hier nicht.

Île de Bendor

Die Insel gehört dem Pastis-Fabrikanten Ricard, der hier ein großes Freizeitzentrum gebaut hat, mit Hotels, Boutiquen, Restaurants, kleinem Zoo und Meereskundlichem Museum.

Von dem Hafen an der Nordseite der Insel aus verkehren regelmäßig Fährboote nach Bandol. Die etwa 20 Liegeplätze für Yachten bis 13 m Länge und 2,50 m Tiefgang im hinteren Bereich des Hafens sind fast immer belegt. Wer die Insel besuchen möchte, tut das also besser mit der Fähre von

Bandol

aus. Der wie eine moderne Marina ausgestattete Hafen des hübschen Badeortes bietet 1250 Yachten sichere und bequeme Liegeplätze. Bei der Ansteuerung sollte man in weitem Bogen um die Île de Bendor und die schwarz-gelb-schwarz gestrichene Steinbake auf der Klippe *Fourmigue* herumfahren. Die Durchfahrt zwischen der Île de Bendor und Bandol können nur Yachten mit weniger als 1 m Tiefgang benutzen, und das auch nur bei ruhiger Wetterlage. Bei der nächtlichen Ansteuerung halte man sich an den weißen Sektor des Molenfeuers. Der nördliche Molenkopf ist ebenfalls befeuert.

Bandol hat eine wunderschöne Hafenpromenade mit Palmen, Pinien, Mimosen und duftenden Eukalyptusbäumen.

Sanary-sur-Mer

Einer der wenigen Orte der Region, die vom Tourismus noch nicht überlaufen sind und ihr malerisches Gepräge erhalten konnten. In dem mit allem Komfort ausgestatteten Hafen finden 560 Yachten bis 2 m Tiefgang gegen alle Winde geschützte Liegeplätze. Der Aufenthalt ist für Gastyachten auf 36 Stunden beschränkt.

Die Ansteuerung erfolgt von Süden, wobei man bei der Einfahrt die Tonne auf der 3-m-Tiefenlinie an Steuerbord läßt. Der Kopf der Westmole ist befeuert. Der östlich des Hafens liegende Strand wird durch mehrere Buhnen gesichert. Vom Kopf der Ostmole zu der ersten Buhne verläuft

Seekarten:

D 596 und 483
BA 2607
F 6612, 6610 und 5325
CG 504

Regatta vor der Île de Bendor

eine Bojenreihe, die den tieferen Wasserbereich markiert und als Begrenzung für die Badeanstalt dient.

Port de la Coudourière

Der einst für eine Ziegelei angelegte und inzwischen zum Großteil versandete Hafen ist heute Refugium für etwa 250 kleine Yachten, Motorboote und Schlauchboote, die am Kai und den Molen sowie an mehreren Reihen ausgelegter Bojen liegen.

Le Brusc

heißt der gegenüber der *Île des Embiez* gelegene Fischer- und Yachthafen, dessen Einfahrt sich nach Nordosten öffnet. Die geringen Wassertiefen erlauben nur Yachten bis 1,50 m Tiefgang den Zugang zu den Kais und Molen. Größere Yachten ankern zwischen dem Hafen und der Île des Embiez auf 3 bis 5 m Wassertiefe. Die Einsteuerung stellt bei ruhigem Wetter kein Problem dar. Bei auflandigen Winden aus westlichen Richtungen ist jedoch dringend davon abzuraten.

Île des Embiez

Auch diese Insel gehört dem Pastis-Fabrikanten Ricard, der hier ebenfalls ein attraktives Urlaubs- und Freizeitzentrum errichtet hat. Im Norden der Insel liegt der mit dem Komfort einer modernen Marina ausgestattete Yachthafen *Port des Embiez* mit 600 Liegeplätzen.

Die Ansteuerung von Norden (Bandol oder Sanary) oder von Westen bereitet keinerlei Schwierigkeiten. Yachten, die aus der Rade de Toulon kommen (von Osten), sollten zunächst auf nordwestlichem Kurs an der Île de Bendor vorbeilaufen und die schwarz-gelb-schwarze Untiefenbake *Sèche de Magnon* an Steuerbord lassen, ehe sie mit Nordostkurs an der *Î. du Gd.-Rouveau* vorbei auf die schwarz-gelbe Untiefenbake *La Casserlane* zusteuern, die an Steuerbord bleibt. Von hier aus fährt man 0,5 sm Richtung Osten, um dann mit Südkurs den Hafen anzulaufen, dessen Molenköpfe befeuert sind. Der weiße Sektor des Molenfeuers weist den untiefenfreien Weg in den Hafen.

Die Liegeplätze sind auf zwei Becken verteilt, wobei das westliche, größere, für größere Yachten vorgesehen ist. Yachten bis 1 m Tiefgang machen in dem östlich gelegenen Becken fest.

Saint-Elme

Der kleine Fischer- und Yachthafen liegt an der Südseite der Halbinsel *Saint-Mandrier.* Er kann nur wenige Boote bis 1 m Tiefgang aufnehmen. Größere Yachten ankern westlich des Hafens in der *Anse des Sablettes* auf 2 bis 7 m Wasser über gut haltendem Sandgrund.

Die im Süden von der Halbinsel Saint-Mandrier, im Westen und Norden vom Festland begrenzte

Rade de Toulon

gehört zu den größten und sichersten Naturhäfen an der französischen Mittelmeerküste. Der Innenteil der Bucht wird durch eine 0,7 sm lange, in nordsüdlicher Richtung verlaufende Mole geschützt. Hier befindet sich der Kriegs- und Handelshafen, wo auch Yachten angenehme Liegeplätze finden.

Port de Saint-Mandrier

Der dem Standard einer modernen Marina entsprechende Yachthafen liegt am Nordufer der Halbinsel St-Mandrier, bei der Einfahrt in den inneren Hafen von Toulon, nur wenig westlich der ersten militärischen Anlagen. Er bietet 650 Yachten bequeme und gegen alle Winde gut geschützte Liegeplätze.

Die Einsteuerung in den nach Norden offenen Hafen ist bei Tag und Nacht problemlos; der Kopf der westlichen Mole ist befeuert. Die Stege, die vom östlichen Kai ausgehen, sind für den Touring Club de France reserviert. Gastyachten machen je nach Tiefgang an einem der vom westlichen Kai ausgehenden Stege fest.

Mit Toulon bestehen regelmäßige Bus- und auch Fährverbindungen. Im Port de Saint-Mandrier liegt man abseits vom Trubel der Großstadt in ruhiger und erholsamer Umgebung.

Port Pin Roland

ist eine kleine Steganlage in der südlichsten Ausbuchtung hinter der großen Außenmole, die meist von Dauerliegern belegt ist. Dennoch findet man hier häufig ein freies Plätzchen.

La Seyne-sur-Mer

Der kleine, gegen alle Windrichtungen gut geschützte Hafen schließt sich dicht westlich an die großen Werftanlagen an. Er ist zu erkennen an der meist offenstehenden Drehbrücke für die Eisenbahn und fast immer überfüllt.

Toulon

Großstadt, wichtiger Handels- und Fährhafen und größter Kriegshafen Frankreichs am Mittelmeer. Zur Zeit der Römer hieß der Ort Thelo Martius. Damals verdienten die Bewohner der Umgebung ihren Unterhalt noch mit der Zucht von Purpurschnecken.

Die große strategische Bedeutung dieses Flottenstützpunktes hat Toulon in der Vergangenheit reichlich Nachteile gebracht. 1793 wurde die Stadt, nachdem sie vorher im Handstreich von der englisch-spanischen Flotte eingenommen worden war, mehrere Monate lang von dem jungen Artilleriehauptmann Napoleon Bonaparte belagert. Als die deutschen Truppen im Zweiten Weltkrieg nach Südfrankreich einmarschierten, versenkten sich im Hafen von Toulon 60 Schiffe der französischen Flotte. Zur Jahreswende 1943/44 zerstörten Luftangriffe der Alliierten den Hafen und die gesamte malerische Altstadt.

Yachten finden im alten Hafen 1300 Liegeplätze und allen Komfort einer modernen Marina. Die ersten beiden Stege an der Steuerbordseite der Einfahrt sind für Gastyachten reserviert. Weitere Liegeplätze befinden sich in dem südlich davon gelegenen Becken *Darse du Mourillon,* die von der örtlichen Regattagemeinschaft verwaltet werden.

Die Außenmole hat eine nördliche und eine südliche Durchfahrt. Für die Ansteuerung des alten Hafens empfiehlt sich die nördliche Durchfahrt. Bei Nacht weisen zahlreiche Feuer den Weg zu den einzelnen Hafenbecken.

Port Saint-Louis du Mourillon

Der kleine Yachthafen mit 150 Liegeplätzen für Boote bis 1,20 m Tiefgang liegt 0,5 sm östlich der großen Mole, zu Füßen des Forts *Saint-Louis.* Die Ansteuerung ist problemlos; der Kopf der östlichen Mole ist befeuert.

Port des Oursinières

ein Kleinhafen für 200 Boote bis 1,20 m Tiefgang, liegt am östlichen Ende der Rade du Toulon. Er ist meist von Einheimischen belegt.

Port des Salettes

Der bisher nur für Yachten bis 1,10 m Tiefgang zugängliche Hafen am Nordufer des *Golfe Giens* wird um ein tieferes Becken erweitert, dessen Mole von der Pointe Nero ausgeht.

Port du Niel

Der an der Südseite der Halbinsel Giens gelegene kleine Yachthafen hat Platz für etwa 100 Sportboote bis 1,50 m Tiefgang. Größere Yachten ankern in der Einbuchtung auf 3 bis 5 m Wassertiefe.

Port Pradeau/La Tour Fondue

Der Hafen am Südostzipfel der Halbinsel Giens, an der *Pointe de la Tour Fondue,* dient in der Hauptsache dem Personen- und Güterverkehr zwischen dem Festland und der *Île de Porquerolles.* Yachten können hier nur ausnahmsweise festmachen, finden jedoch östlich der Pointe de la Tour Fondue einen angenehmen Ankerplatz auf 3 bis 5 m Wassertiefe über gut haltendem Sandgrund.

Südöstlich der Halbinsel Giens liegen die

Îles d'Hyères

Der Archipel besteht aus drei Hauptinseln: der Île de Porquerolles mit der kleinen Leuchtturminsel Grand Ribaud im Westen und der Île du Levant sowie der Île de Port-Cros im Osten. Der von Ligurern, Griechen, Römern und im Mittelalter von den Mönchen der Îles des Lérins besiedelte Archipel war stets vom Meer her bedroht und oft genug Schauplatz kriegerischer Auseinandersetzungen, woran die Festungsbauten auf den Inseln noch heute erinnern.

Île de Porquerolles

ist die größte Insel des Archipels und landschaftlich sicherlich die interessanteste. Ihre von Kiefern, duftender Myrthe und Heidekraut gesäumten Badestrände liegen sämtlich an der sandigen Nordküste. Die felsige Südküste steigt über 100 m steil aus dem Meer auf. Das Innere der Insel wird von Kiefernwäldern, Weinbergen und einer üppigen subtropischen Vegetation beherrscht.

Porquerolles ist Naturschutzgebiet; das Mitbringen von Autos und Motorrädern auf die Insel ist verboten. Nur wenige Neubauten sind entstanden – inzwischen besteht ein Baustopp, und es dürfen lediglich die alten Fischerhäuser renoviert werden.

Der Hauptort mit dem

Port de Porquerolles

liegt im Norden der Insel an einer weiten Bucht. Der Hafen für 400 Yachten bis 35 m Länge und 4 m Tiefgang ist im Sommer regelmäßig überfüllt. Allerdings ist das Hafenpersonal sehr bemüht um seine Gäste und organisiert das Liegen im Päckchen, so daß weitere 50 bis 100 Yachten Platz finden. Man kann auch in der weiten Hafenbucht ankern. An allen Liegeplätzen befinden sich Wasser- und Stromanschlüsse. Das Wasser darf wegen Wassermangels jedoch nur als Trinkwasser verwendet werden.

In dem etwa 100 m vom Hafen entfernt gelegenen alten Dorf, das Mitte des 19. Jahrhunderts auf Initiative der Militärverwaltung erbaut wurde, scharen sich Fischerhäuschen malerisch um den ehemaligen Exerzierplatz (Place d'Armes), auf dem man abends den Einheimischen beim Boulespielen zusehen kann. Die obere Schmalseite des Platzes wird von der Kirche eingenommen, rechts und links reihen sich Restaurants, Cafés und Geschäfte aneinander. Das Ganze ähnelt eher einer kleinen nordafrikanischen Kolonie als einem provençalischen Dorf.

Außer dem Hafen gibt es noch einige hübsche Ankerplätze, die man je nach vorherrschender Windrichtung aufsuchen kann: **Baie d'Alicastre** (auch Anse de Notre Dame genannt) im Nord-

Seekarten:

D 596 und 483
BA 2607
F 5325, 5175 und 5151
CG 503

osten der Insel, **Anse de la Galère** südlich der *Pointe de la Galère* im Osten, **Anse du Parfait** an der Südseite, dort, wo beim *Cap d'Armes* das weittragende Leuchtfeuer zusammen mit dem Funkfeuer Porquerolles steht, und im Nordwesten die **Baie du Langoustier** zwischen der Halbinsel *Grand Langoustier* und der *Île du Petit Langoustier.*

Für den Besuch von Porquerolles sollte man sich mindestens einen Tag Zeit nehmen und einen Spaziergang zum südlichsten Punkt der Insel (etwa 3 km) machen. Dort steht auf einem 96 m hohen, steil aus dem Meer aufsteigenden Felsen der Leuchtturm. Von dort kann man auf einem schmalen Pfad entlang der Felsküste zur *Pointe de l'Oustaou-de-Diou* (Haus Gottes) wandern. Die kleine Bucht erhielt ihren Namen von den Fischern, die hier vor den nördlichen Stürmen einen sicheren Zufluchtsort fanden. Von hier aus führt der Weg, vorbei an dem Semaphor, der in 142 m Höhe über der Insel steht (herrliche Aussicht auf die Rade d'Hyères und das Massif des Maures), zurück zum Hafen.

Die nördlich der Île de Porquerolles liegende

Rade d'Hyères

wird im Westen von der niedrigen Landzunge der Halbinsel *Giens* und im Osten vom *Cap de Brégançon* begrenzt. An der halbkreisförmigen, flachen Küste erheben sich die Berge des *Massif des Maures* erst in einigem Abstand. Weite Sandstrände und mehrere kleinere und größere Yachthäfen säumen die Ufer.

Die Ansteuerung von Westen durch den *Petite Passe* zwischen der Île de Grand Ribaud und der Île de Porquerolles bereitet bei Tage und dank der zahlreichen Leuchtfeuer auch bei Nacht keinerlei Schwierigkeiten. Von Süden kommend, benutzt man den *Grande Passe,* die mehrere Seemeilen breite Durchfahrt zwischen der Île de Porquerolles und der Île de Port-Cros. Von Osten kommend, kann man problemlos zwischen den Îles d'Hyères und der Festlandsküste in die Rade d'Hyères einfahren.

Port de la Capte

ist ein Kleinhafen mit 130 Liegeplätzen für Schlauchboote, Jollen und kleine Motoryachten bis 0,50 m Tiefgang. Yachten ankern östlich und südöstlich in der *Rade de la Badine.*

Port de la Plage d'Hyères

Die wie eine moderne Marina ausgestattete weiträumige, aus vier großen Becken und einem kleinen Jollenhafen bestehende Anlage bietet 1300 Yachten jeder Größe bis 3,50 m Tiefgang sichere und bequeme Liegeplätze. Schon von weitem sind die hinter dem Hafen stehenden Hochhausblöcke gut auszumachen. Die Einfahrten zu den einzelnen Hafenbecken sind befeuert.

Der Militärflugplatz Palyvestre nördlich des Hafens beeinträchtigt wegen der zeitweise pausenlos startenden und landenden Düsenmaschinen den Aufenthalt in diesem ansonsten sehr gastfreundlichen Hafen sehr.

Der Ort Hyères selbst liegt etwa 4 km landeinwärts – ein Besuch dieses südlichsten und ältesten Kurortes der Côte d'Azur ist lohnend. Vorbei an mondänen Villen, erreicht man über von Palmen gesäumte Alleen die reizvolle, enge und quirlige Altstadt, die man durch die *Porte de la Rade* aus dem 13. Jahrhundert betritt. Am Rande des Marktplatzes steht der altehrwürdige Turm *Saint-Blaise* aus dem 12. Jahrhundert. Über eine Treppe gelangt man zu der erhöht liegenden Place *Saint-Paul,* von wo aus man eine phantastische Aussicht auf die Altstadt bis hin zum Meer hat. Auch die ausgedehnten Salinenfelder zwischen Hyères und der Halbinsel Giens kann man von hier aus gut überblicken.

Port Ayguade-Ceinturon

Ein in einer Flußmündung gelegener kleiner Kanalhafen für Boote bis 1 m Tiefgang. Unmittelbar hinter der Straßenbrücke befindet sich ein Werftbetrieb.

Port Pothuau

ist ein Fischerhafen am nördlichen Ufer der Rade d'Hyères, dessen Steganlagen für die Yachten der französischen Marine reserviert sind. Besucher können hier nur kurzzeitig zur Ergänzung von Wasser, Proviant und Treibstoff anlegen.

Port de Miramar

ist ein im nördlichen Scheitel der Rade d'Hyères in landschaftlich schöner Umgebung mit großen Pinien- und Korkeichenwäldern gelegener Hafen für 200 Sportboote bis 1 m Tiefgang.

Auf dem *Cap de Brégançon,* einer vorgelagerten Insel, die durch einen Damm mit dem Festland verbunden ist, liegt die Sommerresidenz des französischen Staatspräsidenten.

Île de Port-Cros

ist die drittgrößte der Îles d'Hyères und felsiger und höher als die Île de Porquerolles. Die zum Teil in Privatbesitz befindliche Insel steht unter Naturschutz.

Geschützt durch die vorgelagerte, unbewohnte *Île de Bagaud,* die ebenfalls unter Naturschutz steht, liegt an der Rade de Port-Cros der kleine Fischerhafen

Port de Port-Cros

mit 100 Liegeplätzen an Stegen und Bojen. Hübsche Ankerplätze, die man je nach vorherrschender Windrichtung aufsuchen kann, sind **Anse de la Palu** und **Anse de la Marma** im Norden der Insel sowie die **Baie de Port Man** im Nordosten.

Ein Spaziergang durch den *Vallon de la Solitude* führt zu dem Wachturm *La Vigie,* der auf Anweisung Napoleons errichtet worden ist.

Île du Levant

zweitgrößte der Îles d'Hyères und zum größten Teil Sperrgebiet der französischen Marine, ist bekannt geworden durch das älteste FKK-Zentrum Frankreichs, „Heliopolis". Yachten können nur einen etwa 1,5 sm langen Streifen an der Westküste der Insel aufsuchen. Hier liegt auch der

Port de l'Ayguade

an der Durchfahrt *Passe des Grottes* zwischen der Île de Port-Cros und der Île du Levant. Die beiden Stege sind für die Fährschiffe reserviert; Yachten ankern südwestlich der Stege auf 5 bis 10 m Wassertiefe. Der Ankerplatz ist recht ungemütlich, da bei allen Windrichtungen unangenehmer Schwell im Passe des Grottes steht.

Am östlichen Ende der Insel steht der *Phare du Titan* mit seinem weittragenden Leuchtfeuer. Mehrere große, unbeleuchtete Festmachetonnen für die französische Marine liegen rund um die Insel.

Port du Pradet

Der kleine Hafen für Yachten bis 1,50 m Tiefgang liegt dicht nördlich von Cap Bénat in einer seewärts durch einen Wellenbrecher geschützten Felsenbucht. Die landschaftlich schöne Lage inmitten der steil aufragenden Felsen zieht zahlreiche Yachten an, so daß der Hafen im Sommer stets überfüllt ist.

Port de Bormes-les-Mimosas

Der 2 sm nördlich von Cap Bénat liegende Hafen ist Bestandteil eines großen Ferienkomplexes und bietet etwa 920 Yachten sichere und bequeme Liegeplätze, von denen der größte Teil an die Besitzer der Ferienwohnungen vermietet ist.

Die Ansteuerung der nach Norden offenen Hafeneinfahrt bereitet – solange der Wind nicht aus östlichen Richtungen bläst – keine Schwierigkeiten. Die 3-m-Tiefenlinie ist durch eine Reihe von Tonnen markiert, die man unbedingt an Steuerbord lassen muß. Bei Nacht brennt auf dem nördlichen Ende der Außenmole ein rotes Blitzfeuer, auf dem südlichen Ende der Mole ein violettes Festfeuer.

Gastyachten fahren zunächst zu der Tankstelle, wo sich auch das Büro des Hafenmeisters befindet, um sich einen Liegeplatz zuweisen zu lassen.

Bormes-les-Mimosas liegt einige Kilometer landeinwärts – ein hübsches Kleinstädtchen, das sich seinen lebendigen Charme erhalten hat.

Port du Lavandou

Aus dem alten kleinen Fischer- und Yachthafen ist durch den Bau eines großen Beckens seewärts eine moderne Marina für 900 Yachten bis 24 m Länge entstanden. Die Einfahrt liegt nur 0,7 sm nördlich von Port de Bormes-les-Mimosas, von dem Port du Lavandou ein vielbesuchter Sandstrand trennt.

Zahlreiche Gebäude mit Ferienwohnungen und Hotels säumen den Strand und haben sich auch am Rande der Kleinstadt Le Lavandou breitgemacht. Le Lavandou ist Fährhafen für die Inseln Île de Port-Cros und Île du Levant.

Die Ansteuerung der beiden nach Südwesten offenen Hafeneinfahrten ist so lange problemlos, wie der Wind nicht aus Süd bis Ost weht. Bei der nächtlichen Einsteuerung halte man sich an die weißen Sektoren des Molenfeuers. Die etwa 2 sm vor der Küste liegende Klippe *La Fourmigue* ist durch eine Steinbake gekennzeichnet und befeuert; sie liegt im grünen Sektor des Molenfeuers von Le Lavandou.

Das im Sommer nachmittags geöffnete *Musée de la Mer* lohnt einen Besuch.

Seekarten:

D 596
BA 2607
F 5329 und 6615
CG 502

3 Côte d'Azur

Saint-Tropez, einst malerisches Fischerdorf und seit den sechziger Jahren Mekka des internationalen Jet-set, kann inzwischen auch von Normalsterblichen angelaufen werden – für sie wurde der neue Yachthafen im Bild unten angelegt

SAINT TROPEZ BIS ITALIENISCHE GRENZE

1 *Das Cap Taillat zwischen Cap Lardier und Cap Camarat liegt wie eine Insel vor der Küste*

2 *Cavalaire, das gemütliche kleine Ferienparadies*

3 *Der Golf von Saint-Tropez. Im Vordergrund die Ferienzentren Port Grimaud und Marines de Cogolin, hinten rechts Saint-Tropez und links Sainte-Maxime*

Nur durch die Mündung des Flusses Giscel getrennt, liegen am westlichen Ende des Golfe de Saint-Tropez die beiden großen Yachthäfen Marines de Cogolin (oben) und Port Grimaud (unten). Architektur und Ambiente der beiden Ferienzentren sind sehr unterschiedlich: Port Grimaud ist die verspielte, kleinformatige, Venedig nachempfundene Lagunenstadt, in Marines de Cogolin dominiert die sachlich-kühle Moderne der Terrassenhäuser

1

2

1 und 3 *Port Grimaud. Die künstliche Lagunenstadt war Vorbild für die zahlreichen neuen Lagunenstädte des Languedoc-Roussillon*

2 und 4 *Marines de Cogolin. Wie in einem Amphitheater steigen die Terrassenhäuser um die verschiedenen Hafenbecken an*

Sainte-Maxime am Nordufer des Golfe de Saint-Tropez mit seinem modernen Yachthafen ist ein quirliges Seebad voller Lebensfreude. Man trifft hier sehr viele junge Leute, die auf den nahe gelegenen Campingplätzen ihren Urlaub verbringen. Im Hintergrund der Golfe de Fréjus, der sich nördlich an den Golfe de Saint-Tropez anschließt

1

2

1 *Der malerisch in einer Felsenbucht gelegene private Yachthafen Port des Issambres-Feréol*

2 *Im Vieux Port von Saint-Raphaël liegt man unmittelbar am Stadtzentrum und der Strandpromenade mit ihrem abendlichen bunten Treiben. Gäste müssen sich die wenigen Liegeplätze an der Südmole (im Bild unten) mit den Fischkuttern teilen*

3 *San-Peïre Les Issambres, ein Yachthafen am Westufer des Golfe de Fréjus*

4 *Die Île d'Or mit ihrem charakteristischen Wachturm am Cap de Drammont*

1

2

3

4

1 *Das Massif d'Estérel, eine tief zerklüftete Gebirgslandschaft aus hartem Porphyrgestein*

2 *Saint-Raphaël, Port de Santa Lucia. Der aus zwei getrennten Becken bestehende Yachthafen liegt am Südrand der Stadt. Vor der Einfahrt in das südliche Hafenbekken das Felseneiland Lion de Terre (Landlöwe)*

3 *und* **4** *Figueirette-Miramar ist ein exklusiver Badeort mit einem kleinen, gemütlichen Yachthafen, in dem man selbst im Sommer fast immer noch ein freies Plätzchen findet. Auf Bild 3 im Hintergrund der Golfe de la Napoule mit den Îles de Lérins*

1 *Der kleine Yachthafen La Chapelle in der Nordwestecke der Rade d'Agay*

2 *Das malerische Théoule-sur-Mer mit seinem altmodischen Charme ist im Sommer stets überfüllt*

3 *Port La Galère gehört zu den Schmuckstücken an der Côte d'Azur*

1 *Die beiden nur 700 m auseinanderliegenden Yachthäfen La Rague und Mandelieu-La-Napoule an der Westseite des weiten Golfe de La Napoule*

2 *Mandelieu-La-Napoule, eine große Yachtmarina vor dem Seebad La Napoule-Plage. Neben der Hafeneinfahrt steht ein Schloß wie aus einem Märchenbuch*

3 *Port de La Rague ist ein gemütlicher Yachthafen vor den weithin sichtbaren Bögen der Eisenbahnbrücke, die den Fluß La Rague überspannt. Hinter der Brücke liegt noch ein Hafenbekken für kleinere Yachten*

1

1 *und* **2** *Cannes Marina liegt nördlich von Mandelieu-La-Napoule etwa 1 km landeinwärts am Fluß Siagne*

3 *Cannes/Port Pierre Canto ist der erste mit Privatmitteln errichtete Yachthafen Frankreichs – entsprechend luxuriös und teuer geht es hier zu*

4 *Cannes mit den Yachthäfen Port Pierre Canto (Mitte) sowie Port Bijou und Port de Palm Beach. Im Hintergrund die berühmte Promenade de la Croisette*

1

2

Schon früh hat die Côte d’Azur die Menschen wie ein Magnet angezogen. Orte mit klangvollen Namen und mit einer unverwechselbaren Mischung aus Eleganz und Reichtum wie etwa Nizza besitzen noch immer die Anziehungskraft vergangener Epochen. Tiefe Golfe und weit geschwungene Buchten prägen das Bild der Küste vor den Ausläufern der Seealpen. In den zahlreichen Yachthäfen herrscht pulsierendes Leben und sommerlicher Urlaubstrubel.

Port de Cavalaire

Zwischen dem Cap de Cavalaire im Westen und dem Cap Lardier im Osten liegt die *Baie de Cavalaire,* eine halbkreisförmige Bucht, die überragt wird von den Bergen der Corniche des Maures. Die über 200 m hohen Berghänge halten Winde aus West über Nord bis Ost von dieser nach Süden offenen Bucht ab. Die Küste weist einen wunderbaren, nur hier und da von Felsvorsprüngen unterbrochenen Sandstrand auf. Dicht nördlich von Cap de Cavalaire liegt die Ortschaft Cavalaire-sur-Mer mit dem der 1000 Liegeplätze für Yachten bis 16 m Länge und 3 m Tiefgang sowie die üblichen Einrichtungen einer modernen Marina aufweist. Die Ansteuerung der nach Norden offenen Hafeneinfahrt ist bei allen Windrichtungen problemlos; der Kopf der Ostmole ist befeuert. Cavalaire-sur-Mer hat sich in den letzten Jahren zu einem geruhsamen kleinen Ferienparadies mit reichhaltigem Freizeitangebot entwickelt.

Zwischen Cap Lardier und Cap Camarat liegen, durch das Cap Taillat getrennt, zwei hübsche Ankerbuchten: die **Baie de Briand** und die **Baie de Bonporteau.** Das *Cap Camarat* mit seinem weittragenden Leuchtfeuer ist die wichtigste Landmarke in dieser Küstenregion. Wegen der vorgelagerten Klippen sollte man das Cap Camarat mit mindestens 0,5 sm Abstand umrunden, wenn man die **Plage de Pampelonne** anlaufen will. Hier findet man vor westlichen und nordwestlichen Winden geschützte Ankerplätze auf 3 bis 10 m Wassertiefe vor einem schönen, 3 km langen Strand.

0,7 sm nordöstlich vom *Cap de Saint-Tropez* steht die schwarz-gelb-schwarze Untiefenbake *La Moutte,* die den Flachwasserbereich vor dem Cap begrenzt.

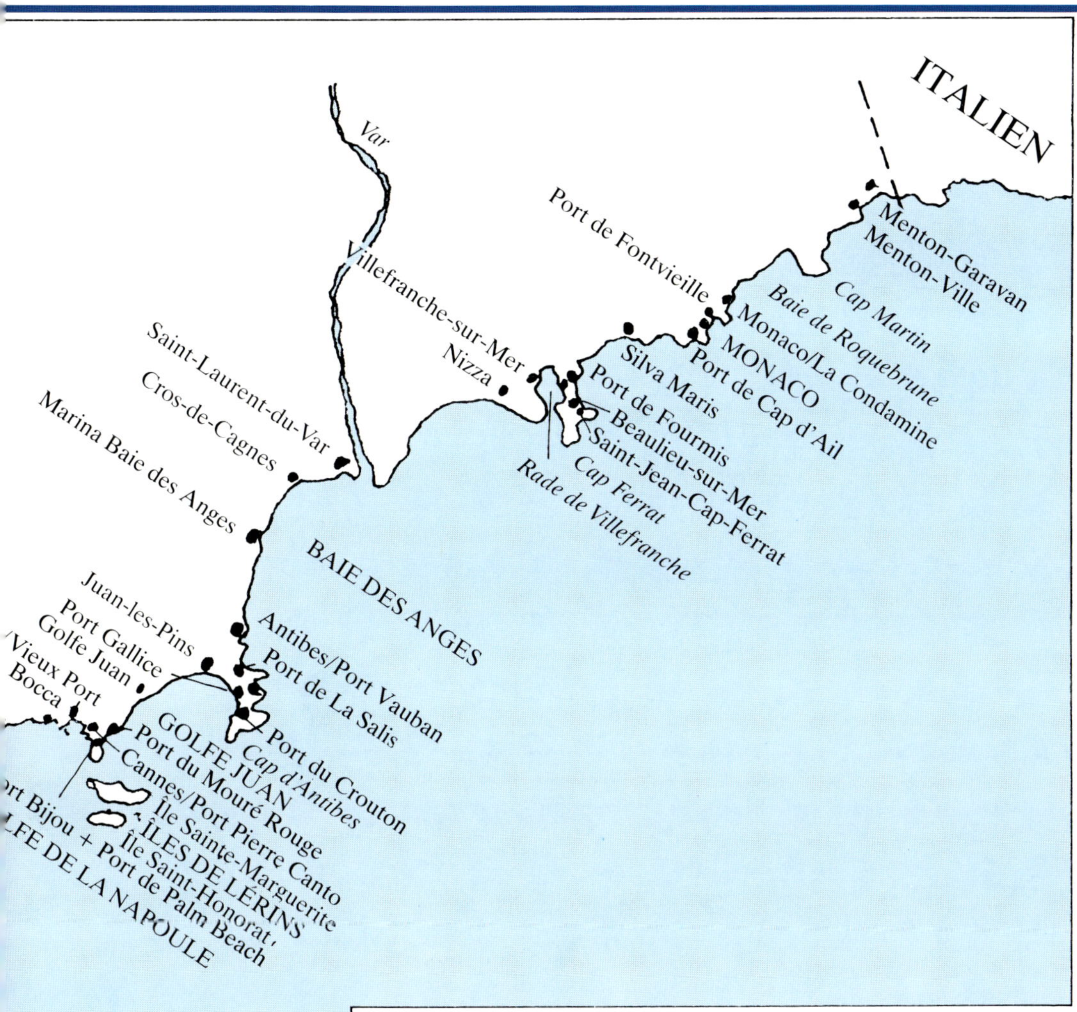

Golfe de Saint-Tropez

Der 2 sm breite und fast 5 sm tiefe Golf gehört zu den beliebtesten und bekanntesten Urlaubszielen am Mittelmeer. Orte mit wohlklingenden Namen wie Saint-Tropez, Port Grimaud und Sainte-Maxime säumen seine Ufer. Mitten durch den Golf verläuft ein 400 m breites, mit gelben Bojen markiertes Torpedoschießgebiet; in den Monaten Juli und August hält sich die französische Marine jedoch zurück mit ihren Schießübungen.

Am südlichen Eingang des Golfe de Saint-Tropez liegt die **Anse des Canebiers,** die Yachten auf 3 bis 7 m Wassertiefe geschützte Ankerplätze bietet. Im südlichen Scheitel der Bucht befindet sich eine Werft, vor deren Kai es 2 m tief ist.

Saint-Tropez

einst ein malerisches Fischerdorf, das in den sechziger und siebziger Jahren Treffpunkt des internationalen Jet-set aus Film und Wirtschaft war, zehrt noch heute vom Ruhm seiner bekanntesten Einwohnerin, Brigitte Bardot, die in ihren besten Jahren Frankreich mehr Devisen einbrachte als der Tourismus und die gesamte französische Industrie.

Entdeckt wurde Saint-Tropez, von Insidern auch Saint-Trop genannt, Ende des vorigen Jahrhunderts von impressionistischen Malern wie Paul Signac, Pierre Bonnard und Henri Matisse. Als ihnen die ersten Touristen folgten, begann Saint-Trops Aufstieg zu einem der bekanntesten Ferienorte an der Côte d'Azur.

Der Name Saint-Tropez geht auf eine alte Legende zurück: Auf Befehl des römischen Kaisers Nero wurde der später heilig gesprochene Torpes im Jahre 68 enthauptet und zusammen mit einem Hahn und einem Hund in einem Boot ausgesetzt, das an der Stelle des heutigen Saint-Tropez gelandet sein soll.

Vom 15. bis 17. Jahrhundert war Saint-Tropez eine selbständige Republik, die im gesamten Mittelmeerraum hohes Ansehen genoß – aus dieser Zeit stammen auch die Zitadelle und der Wachturm am Hafen. In der Zitadelle ist heute das *Musée de la Marine* untergebracht mit einer interessan-

Am Hafen von Saint-Tropez

ten Sammlung zur Geschichte der Stadt und zahlreichen Schiffsmodellen.

Zur Erinnerung an den Sieg über eine Flotte von 21 spanischen Galeeren im Jahre 1637 während des Dreißigjährigen Krieges wird alljährlich am 15. Juni die „Spanische Bravade" abgehalten, ein von Böllerschüssen begleitetes folkloristisches Fest. Eine weitere Bravade findet am 16. und 17. Mai zu Ehren des heiligen Torpes statt.

Die Ansteuerung von Saint-Tropez ist bei Tag und Nacht problemlos. Die Zitadelle östlich des Hafens läßt sich schon von weitem ausmachen, bei Nacht weist der weiße Sektor des Molenfeuers den von Untiefen freien Weg in den Golfe de Saint-Tropez und den Hafen.

Der Alte Hafen und der Yachthafen verfügen zusammen über 900 Liegeplätze. Im Alten Hafen finden Yachten bis 70 m Länge Platz an der Innenseite der Außenmole, bis 55 m Länge an den Kais. Der Yachthafen ist für Schiffe bis 13 m Länge und 2,50 m Tiefgang ausgelegt. Das kleine Bekken am östlichen Ende ist für die örtlichen Fischer reserviert. Das Angebot in beiden Häfen entspricht dem einer modernen Marina. Zwischen Altem Hafen und Yachthafen hat sich ein großer Werftbetrieb etabliert.

Wenn man keinen Liegeplatz findet, was in den Monaten Juli und August die Regel ist, legt man sich zu den zahlreichen Ankerliegern westlich des Hafens oder fährt weiter nach

Typisches Haus in Port Grimaud

Marines de Cogolin

wo selbst im Juli und August meist noch etwas frei ist. Die größtenteils auf die Bedürfnisse des Yachtsports ausgerichtete Feriensiedlung liegt in unmittelbarer Nachbarschaft, nur durch die Mündung des Flusses Giscel getrennt von

Port Grimaud

jener künstlichen Lagunenstadt, die als Vorbild für die zahlreichen Lagunenstädte gedient hat, die im Languedoc-Roussillon in den letzten Jahren entstanden sind.

Die beiden Ferienzentren stehen in hartem Konkurrenzkampf um die Gäste: In Port Grimaud überwiegen deutsche Touristen, in Marines de Cogolin Engländer und Amerikaner. Genauso unterschiedlich wie die Gäste sind auch die Architektur und das Ambiente der beiden Zentren: in Port Grimaud die verspielte, kleinformatige, an Venedig erinnernde Lagunenstadt im pseudoprovençalischen Stil, in Cogolin die sachlichkühle Moderne der Terrassenhäuser. Beide Ferienzentren sind nur im Sommer voller Leben; außerhalb der Saison sollte man lieber in Saint-Tropez oder Sainte-Maxime anlegen.

Die Ansteuerung der beiden Yachthäfen am westlichen Ende des Golfe de

Port Grimaud

Saint-Tropez bereitet keinerlei Schwierigkeiten.

Bei Nacht ist das Molenfeuer des Torpedoschießstandes eine gute Orientierungshilfe; der weiße Sektor weist den von Untiefen freien Weg vor die Einfahrt der beiden Häfen. An der Mündung des Flusses Giscel brennt ein weißes Funkelfeuer, in dessen Sichtbereich man sich für den einen oder anderen Hafen entscheiden muß. Die Einfahrten zu den Häfen sind befeuert: Marines de Cogolin mit Blz. (2) r. 6s und Blk. gn. 2s (das grüne Feuer ist erst nach Passieren des roten Feuers sichtbar und mit 3 m Höhe nur schwer auszumachen), Port Grimaud mit Ubr. gn. 6s und F. r.

Beide Häfen, mit allem ausgestattet, was man von einer modernen Marina erwartet, bieten je 1500 Liegeplätze für Yachten bis 25 m Länge und 3 m Tiefgang, in Marines de Cogolin an Stegen, in Port Grimaud an Stegen und den befestigten Ufern der durch Brücken verbundenen Inseln.

Sainte-Maxime

am Nordufer des Golfe de Saint-Tropez, gegenüber von Saint-Tropez, wird von Spöttern gern „das Saint-Tropez des kleinen Mannes“ genannt. In Sainte-Maxime verbringen überwiegend junge Leute ihre Ferien, zumal auf den zahlreichen Campingplätzen hinter dem herrlichen Sandstrand zwischen Port Grimaud und Sainte-Maxime. Dieser Ort ist deutlich preiswerter und das Unterhaltungsangebot nicht weniger attraktiv als in Saint-Tropez.

Die Ansteuerung des sich nach Westen öffnenden Yachthafens mit seinen 765 Liegeplätzen ist problemlos. Bei Nacht mag das nach Steuerbord versetzte rote Molenfeuer zunächst verwirren. Man steuere so lange auf das grüne Einfahrtsfeuer zu – wobei man darauf bedacht sein muß, es immer an Steuerbord zu sehen –, bis das rote Einfahrtsfeuer an Backbord erscheint. Der Hafen entspricht hinsichtlich seiner Ausstattung einer modernen Marina.

An den Golfe de Saint-Tropez schließt sich nördlich der

Golfe de Fréjus

an. Der weite, nach Osten offene Golf liegt malerisch am Osthang des Massif des Maures und bietet Yachten in mehreren Häfen gute Liegemöglichkeiten. Aus dem Golfe de Saint-Tropez kommend, sollte man bei der An-

Seekarten:

D 597
BA 2607
F 6874, 5266 und 5355
CG 502

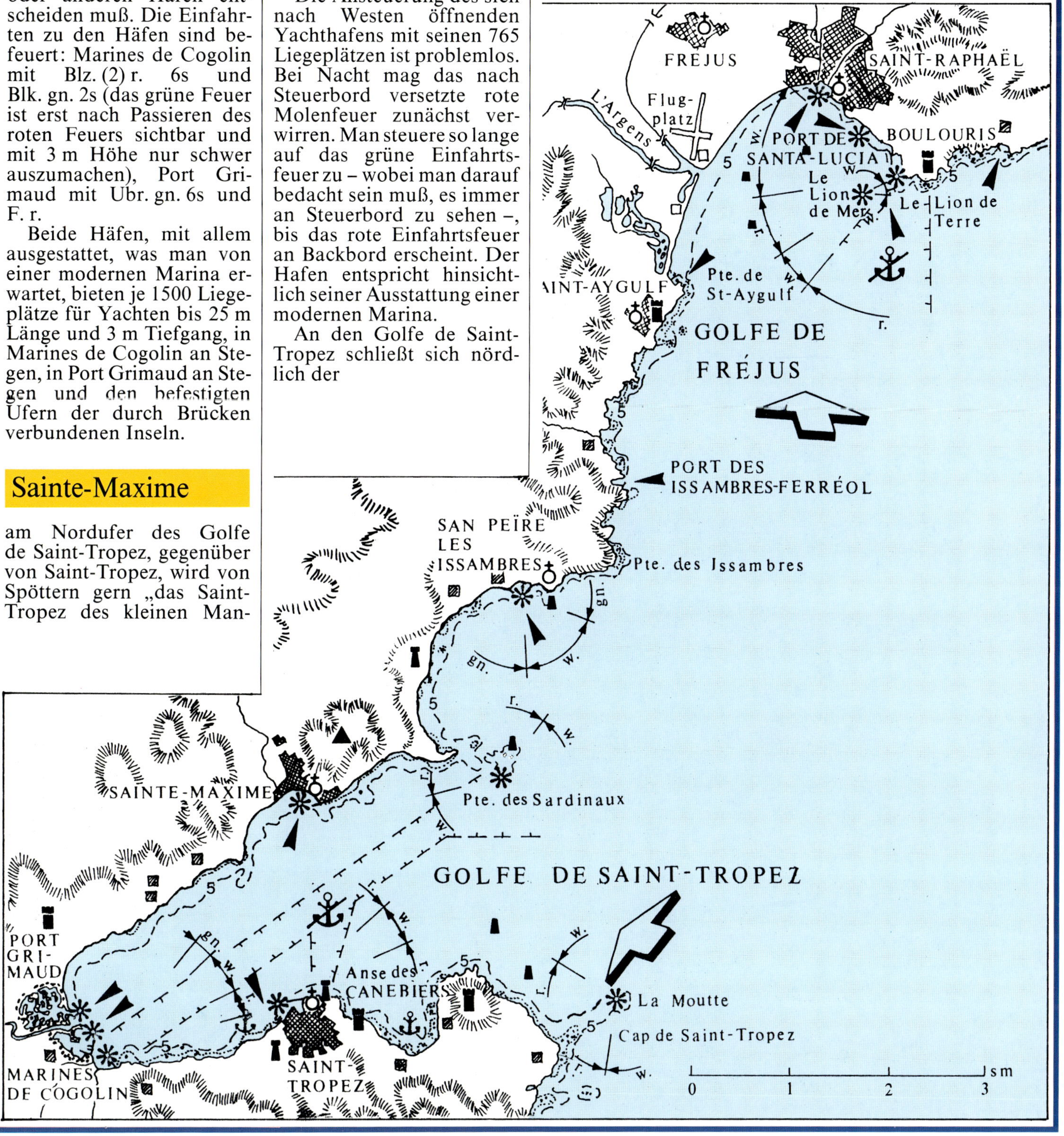

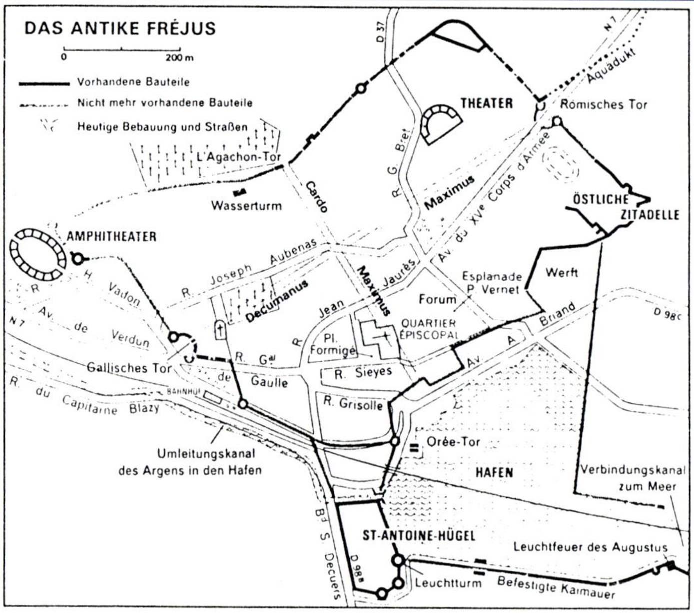

Fréjus – Kreuzgang im mittelalterlichen Bischofspalast

steuerung einen weiten Bogen um die *Pointe des Sardinaux* machen. Die ihr in 0,5 sm Abstand vorgelagerten Klippen *Les Sardinaux* sind durch zwei gemauerte Turmbaken gekennzeichnet: Die südliche, befeuerte, mit Süd-Toppzeichen ist gelb-schwarz gestrichen, die nördliche mit Ost-Toppzeichen schwarz-gelb-schwarz.

Die heute eher bescheidene Ortschaft Fréjus, nach der der Golf benannt ist, besaß vor 2000 Jahren einen der wichtigsten Kriegshäfen am Mittelmeer. Unter dem Namen Forum Julii von Julius Cäsar gegründet, errichtete der spätere Kaiser Augustus hier ein großes Marinearsenal, in dem die leichten, wendigen Galeeren gebaut wurden, mit denen er in der Schlacht bei Actium (31 v. Chr.) die ägyptische Flotte unter Antonius und Cleopatra vernichtend schlug. In der Folgezeit erlebte die Stadt eine lange Epoche der Blüte und des wirtschaftlichen Aufstiegs. Die 2 km langen Kaianlagen des für damalige und selbst noch für heutige Verhältnisse großen Hafens (22 ha, wie der Yachthafen von Marines de Cogolin) waren durch einen 30 m breiten und 500 m langen Kanal mit dem Meer verbunden. Die Küstenlinie hat sich seit jener Zeit über tausend Meter weiter nach Süden vorgeschoben.

Mit dem Ende des Römischen Reiches verliert die Hafenstadt immer mehr an Bedeutung. Hafen und Zufahrtskanal versanden, und nach zahlreichen Sarazenenüberfällen ist im 10. Jahrhundert nicht mehr viel übrig von dem einst blühenden Ort. Ab 990 wurde er als Bischofssitz wiederaufgebaut, jedoch sehr viel kleiner als die einstige römische Siedlung.

Als am 2. Dezember 1959 der Staudamm von Malpasset im Hinterland von Fréjus brach, ertranken in der Flutwelle 421 Menschen. Die westlichen Stadtviertel wurden völlig zerstört. In den letzten Jahren ist mit Fréjus-Plage ein beliebter Badeort entstanden.

San-Peïre Les Issambres

ist ein moderner Yachthafen mit der für eine Marina üblichen Ausstattung sowie 450 Liegeplätzen für Yachten bis 16 m Länge und 2,50 m Tiefgang dicht westlich der *Pte. de la Garonne.* Die Ansteuerung der nach Westen offenen Einfahrt bereitet keinerlei Schwierigkeiten, solange der Wind nicht kräftig aus Ost bis Süd bläst. Die Molenköpfe sind befeuert; der weiße Sektor führt sicher an den Klippen *Les Sardinaux* vorbei. Gastyachten legen an der Innenseite der Südmole an.

Die Häuser des aufstrebenden Ferienortes liegen verstreut auf den bewaldeten Hügeln der Petits-Maures.

Port des Issambres-Ferréol

In dem in eine malerische, abgeschiedene Felsenbucht hineingebauten privaten Hafen für Yachten bis 1,50 m Tiefgang gibt es keine Gastliegeplätze. Außerhalb der Saison findet man dort in der Regel jedoch einen freien Platz.

Saint-Aygulf

Am Nordrand des kleinen, von Kiefern-, Kork- und Steineichenwäldern umgebenen Ferienortes liegt ein Minihafen für Sportboote bis 1 m Tiefgang. Die Anlage eines größeren Yachthafens ist geplant.

Saint-Raphaël – Vieux Port

Wo heute das Casino steht, gründeten bereits die Römer einen Luftkurort und ein Thermalbad für die reichen Bürger aus Fréjus. Bekannt wurde der Fischerort durch Napoleon Bonaparte, der am 9. Oktober 1799 bei seiner Rückkehr vom Ägypten-Feldzug hier landete. Die Pyramide in der Nordostecke des Hafens erinnert an dieses Ereignis. Und am 28. April 1814 schiffte sich Napoleon hier ein mit Ziel Elba, seinem selbstgewählten Exil. Mitte bis Ende des vorigen Jahrhunderts lebten in Saint-Raphaël zahlreiche bekannte Schriftsteller wie Alexandre Dumas, Guy de Maupassant und Komponisten wie Hector Berlioz und Charles Gounod.

Nachdem südlich des alten Hafens mit dem *Port de Santa Lucia* ein großer Yachthafen mit der Ausstattung einer modernen Marina entstanden ist, wird der alte Hafen nur noch selten von fremden Yachten angelaufen. Die Ansteuerung der nach Westen offenen Einfahrt bereitet außer bei starkem südlichem bis südwestlichem Wind keinerlei Probleme; man muß nur darauf achten, die etwa 400 m südwestlich der Einfahrt liegende unbeleuchtete Festmachetonne der französischen Marine nicht zu rammen. Der Kopf der Südmole ist nachts befeuert.

Die zwei langen Stege im Hafenbecken sind für die Yachten des örtlichen Yachtclubs reserviert, am östlichen Kai mit nur 1 m Wassertiefe liegen Motoryachten und in der südlichen Ecke eine Flotte von Ausflugsdampfern. Für Gäste bleibt nur die Innenseite der südlichen Mole, an der auch die Fischer festmachen.

Im Sommer ist ein abendlicher Bummel über die Strandpromenade zu empfehlen. Die Verkaufsstände der Künstler, Kunsthandwerker, Gold- und Silberschmiede reihen sich hier einer an den anderen. Sehenswert sind auch die *Église St-Raphaël,* ein festungsartiger Kirchenbau aus der Zeit der Tempelritter (12. Jahrhundert), und das Archäologische Museum mit einer bedeutenden Amphorensammlung.

Église St-Raphaël

Saint-Raphaël – Port de Santa Lucia

Die Riesenmarina, bestehend aus der *Darse Sud* und der *Darse Nord,* hat etwa 1600 Liegeplätze und die entsprechenden Serviceeinrichtungen (Werftbetrieb und Schiffszubehörhändler an der Darse Sud, zwei Segelmacher – der an der Darse Sud in einer Garage ist bekannt für gute und prompte Arbeit –, in den Neubauten am südlichen Hafenteil Supermarkt, Restaurant und Cafés).

Vor der Einfahrt in die Darse Sud liegen die beiden rostroten Felseneilande *Lion de Terre* und *Lion de Mer,* der Land- und der Seelöwe, im Tertiär versunkene Überbleibsel des Massif d'Estérel. Der Lion de Mer trägt ein Leuchtfeuer, während der Lion de Terre von dem 100 m westlich stehenden Molenfeuer ausreichend beschienen wird (der weiße Sektor weist in den Hafen).

Die Einsteuerung in die Darse Nord ist weniger problematisch: Man läßt die *Îlot Lion de Mer* an Steuerbord oder Backbord und hält auf das nördliche Ende der über 1000 m langen Westmole zu, ehe man um den befeuerten Molenkopf herum auf die nach Norden offene Einfahrt zuhält.

Der Ferienort **Port de Boulouris** mit seinen von Gärten umgebenen und in Kiefernwäldchen verstreut liegenden Villen am Südwesthang des Massif d'Estérel besitzt einen kleinen Hafen für Yachten bis 1,50 m Tiefgang. Liegeplätze für Gastyachten gibt es hier nicht.

Der kleine Yachthafen **Port de Poussail** liegt zu Füßen des weithin sichtbaren Semaphors auf dem *Cap de Drammont,* etwa 550 m nördlich der von einem quadratischen Wachturm beherrschten *Île d'Or.* Hinter der 60 m langen Mole können einige Yachten bis 1 m Tiefgang festmachen.

Zwischen Fréjus und Cannes erstreckt sich das Estérel-Massiv *(Corniche de l'Estérel),* eine tief zerklüftete Gebirgslandschaft aus hartem Porphyrgestein in unterschiedlichen Farben. *Cap Roux,* das rote Kap, bildet einen reizvollen Kontrast zum blauen Meer und erscheint bei Sonnenuntergang blutrot.

Schmale Kaps, fjordartige Einschnitte und winzige Buchten prägen die Küste. Davor liegen zahlreiche Inselchen, Felsen und Unterwasserriffe. Im Gegensatz zum turbulenten Leben an der Küste ist es im Inneren des Berglandes fast menschenleer. Die alte Estérel-Straße, heute die N 7, war früher der einzige Handelsweg nach und von Italien und ein Tummelplatz für Räuber. „Das Estérel passieren", war damals ein geflügeltes Wort für eine gefährliche Reise.

Seekarten:

D 597
BA 2607
F 6875 und 6838
CG 502

Die etwa 0,5 sm breite

Rade d'Agay

schneidet fast 1 sm tief in das Massif d'Estérel nach Norden ein. In der Nordwestecke der Bucht liegt das bekannte Seebad *Agay,* überragt von den herrlich roten Porphyrwänden des *Rastel d'Agay* mit einem weiten Strand, der bei der Mole des kleinen Yachthafens **La Chapelle** beginnt und den gesamten Nordteil der Bucht einnimmt.

Während der Sommermonate liegen in der malerischen Rade d'Agay einige hundert Yachten vor Anker und an den zahlreichen Bojen östlich des Yachthafens, der selbst nur Booten bis 1 m Tiefgang zugänglich ist. Die Ansteuerung wird durch das die *Pointe de la Baumette* überragende Hotel und das auf der Spitze der Pointe stehende Leuchtfeuer erleichtert – der weiße Sektor führt an den Klippen am *Cap de Drammont* vorbei.

Schon die Ligurer, Griechen und Römer haben diese Bucht als Ankerplatz genutzt, wovon die zahlreichen Amphoren zeugen, die auf dem Grund gefunden wurden. Der bedeutendste Fund war ein römisches Frachtschiff, das hier vor 2000 Jahren gesunken ist.

Figueirette-Miramar

Der exklusive Badeort westlich des *Cap de l'Esquillon* an der Baie de la Figueirette hat einen Hafen mit 235 Liegeplätzen für Yachten bis 15 m Länge und 3 m Tiefgang, der mit dem Komfort einer modernen Marina ausgestattet ist. Was in dieser Gegend selten ist: Hier findet man fast immer einen freien Platz.

Bei der Ansteuerung sind das 200 m steil aus dem Meer aufsteigende *Cap de l'Esquillon* mit der vorgelagerten Klippe *La Vaquette,* die durch eine befeuerte, schwarz-gelb-schwarze Untiefentonne gekennzeichnet ist, und die Antenne auf dem 496 m hohen *Pic de l'Ours* (bei Nacht rotes Festfeuer) im Estérel-Massiv nicht zu übersehen. Der Kopf der Südmole ist befeuert; der weiße Sektor weist den von Untiefen freien Weg vor die nach Westen offene Hafeneinfahrt. Zwei rote Tonnen markieren die Landseite der Zufahrt.

Unmittelbar am Hafen liegt das empfehlenswerte Restaurant „La Figueirette"; Lebensmittelgeschäfte, weitere Restaurants und Cafés finden sich im Ort Miramar etwa 800 m östlich des Hafens.

Nördlich von Cap de l'Esquillon öffnet sich nach Süden der etwa 4 sm breite

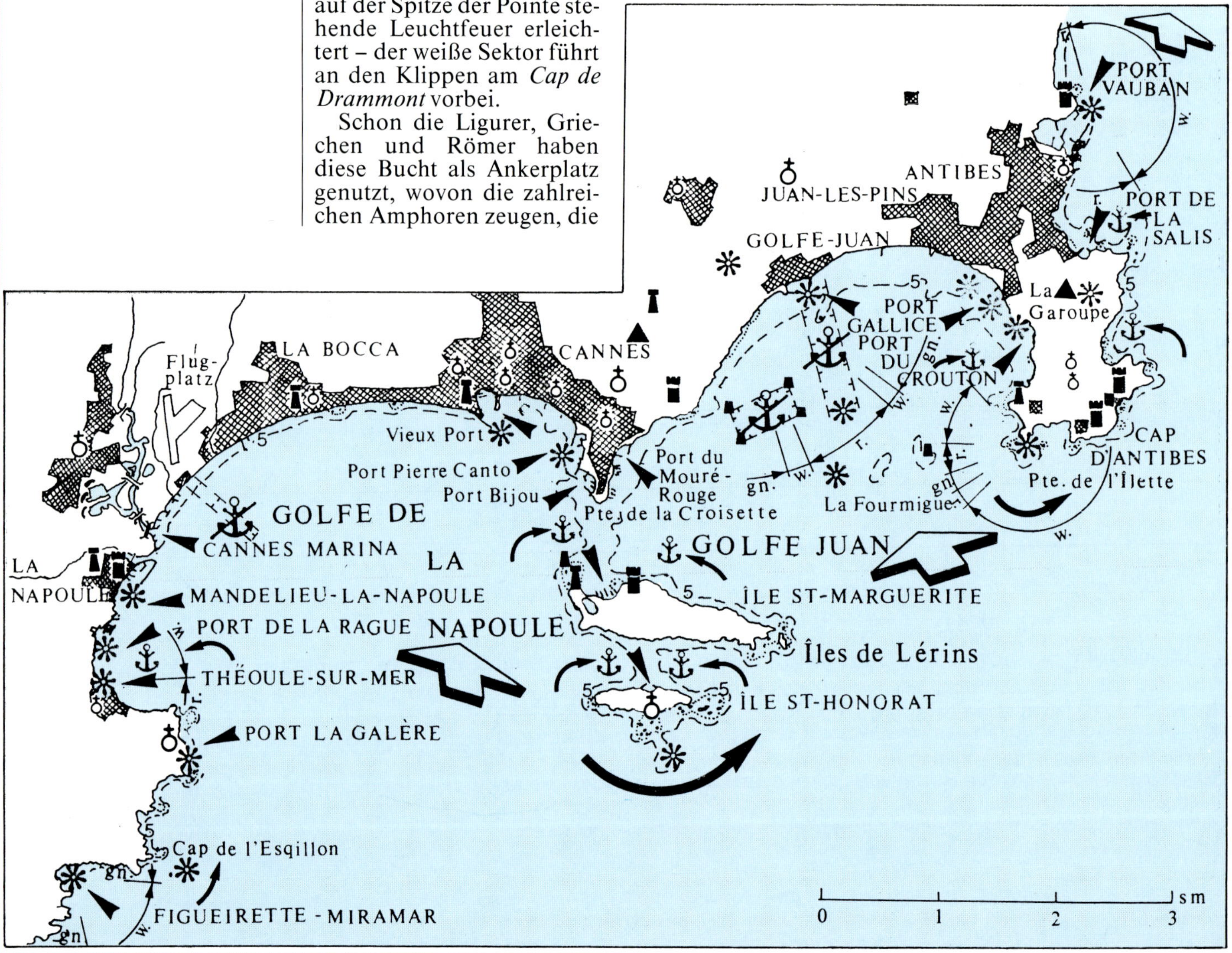

Golfe de La Napoule

das Herzstück der Côte d'Azur. Er wird im Westen von den Ausläufern des Massif d'Estérel, die bis dicht an die Küste reichen, und im Osten von der *Pointe de la Croisette* sowie den ihr in südlicher Richtung vorgelagerten *Îles de Lérins* begrenzt. *Cannes* und der Vorort *La Bocca* nehmen mit ihrem schmalen Strand den gesamten Nordteil des Golfes ein. In den Yachthäfen rund um den Golfe de La Napoule gibt es nicht weniger als 5000 Liegeplätze.

Port La Galère

Der kleine und sehr gemütliche Yachthafen zwischen der *Pte. de la Galère* und der *Pte. St-Marc* ist vor einigen Jahren im Zusammenhang mit der Feriensiedlung gebaut worden, die in hübscher, bewaldeter Umgebung am Osthang des Massif d'Estérel liegt. 90 Prozent der Liegeplätze gehören den Eigentümern der Ferienwohnungen; die wenigen Plätze für Gäste freilich sind im Sommer in der Regel belegt.

Die Ansteuerung der nach Norden offenen Hafeneinfahrt bereitet außer bei kräftigen Winden aus dem ersten Quadranten keine Schwierigkeiten. Der Kopf der Ostmole ist befeuert; unterhalb der Pte. St-Marc liegen einige grüne Leuchttonnen.

Théoule-sur-Mer

Der Fischerort aus dem 17. Jahrhundert konnte sich, wiewohl umgeben von mondänen Badeorten und modernen Yachtmarinas, seinen angenehm altmodischen Charme bewahren. In dem kleinen Yacht- und Fischerhafen finden 160 Boote bis 1,50 m Tiefgang Platz. Im Sommer ist er allerdings stets überfüllt, so daß man besser gleich weiter zu dem 500 m nördlich liegenden Yachthafen

Port de La Rague

fährt. An der weithin sichtbaren großen Brücke über den Fluß La Rague ist er leicht auszumachen. Port de La Rague liegt genau in der Mitte zwischen Théoule-sur-Mer und der großen Marina Mandelieu-La-Napoule.

Die dicht unter Land gelegene Einfahrt öffnet sich nach Südwesten. Die Ansteuerung bereitet außer bei Wind aus Nordost bis Südost keinerlei Schwierigkeiten. Die Molenköpfe sind befeuert, und der Flachwasserbereich vor dem westlichen Ufer ist durch mehrere rote Tonnen markiert.

Von den 540 Liegeplätzen in dem zwischen 3 und 4 m tiefen Haupthafenbecken stehen an der Innenseite der Ostmole 130 für Gastyachten zur Verfügung. Hinter der Brücke befindet sich noch ein 1 m tiefes Becken. Der Yachthafen ist mit dem Komfort einer modernen Marina ausgestattet.

Das Sympathische an Port de La Rague ist seine Ruhe und Abgeschiedenheit. Hier geht es längst nicht so geschäftig zu wie 700 m weiter in

Mandelieu-La-Napoule

einer mit allem Komfort ausgestatteten, großen Marina vor dem Seebad *La Napoule-Plage* mit 1330 Liegeplätzen für Yachten aller Größen. Gastyachten bis 13 m Länge machen im vorderen, öffentlichen Bereich einlaufend an Backbord fest, größere an der Innenseite der Außenmole einlaufend an Steuerbord.

Bei der Annäherung fällt das südlich des Hafens stehende Schloß auf – ein Schloß wie aus dem Märchenbuch. Ansonsten gilt für die Ansteuerung der nach Süden offenen Hafeneinfahrt das gleiche wie bei La Rague. Die Molenköpfe sind befeuert. Die Strände zwischen La Rague und Mandelieu-La-Napoule werden durch Steinbuhnen und -schüttungen geschützt, von denen man sich freihalten muß.

Das Schloß wurde 1919 von dem amerikanischen Bildhauer Henry Clews als Burgruine aufgekauft und mit großem Aufwand in seinen heutigen Zustand versetzt. Es dient als Museum für seine Werke. Ein Besucht ist lohnend.

Cannes Marina

ist nicht, wie der Name vermuten läßt, die Yachtmarina von Cannes, sondern liegt nördlich von Mandelieu-La-Napoule am Fluß Siagne, etwa 1000 m vom Meer entfernt.

In zwei großen Hafenbekken, die von drei viertelkreisförmigen Hochhäusern überragt werden, befinden sich 1500 Liegeplätze für Yachten bis 1,50 m Tiefgang. Die Marina ist Teil dieses Ferienresidenzkomplexes, und die Liegeplätze gehören den Eigentümern der Wohnungen. Gastplätze gibt es hier nicht.

Bei der Ansteuerung sind eine Straßen- und eine Eisenbahnbrücke zu passieren, deren geringste Durchfahrtshöhe 2,80 m beträgt.

500 m nordöstlich der Mündung der Siagne liegt vor dem Gebäude der Firma Goetschel Marine der Hafen **Beal** für etwa 100 Yachten bis 0,80 m Tiefgang.

Seekarten:

D 597 und 484
BA 2609
F 6954 und 5113
CG 501

Zufahrt Cannes Marina

In dem westlichen Vorort von Cannes, **La Bocca,** befinden sich mehrere Werftbetriebe, bei denen man Überholungs- und Reparaturarbeiten aller Art gut und zuverlässig ausführen lassen kann.

Cannes

Die Stadt, die ihre Beliebtheit der wunderschönen Lage am Golfe de La Napoule und dem milden Klima verdankt, das durch die Nähe des Meeres und den Schutz des Estérel-Massivs bedingt ist, gilt nach wie vor als Treffpunkt der High-Society. Hierzu tragen insbesondere die internationalen Veranstaltungen bei, wie das alljährlich im Mai stattfindende Filmfestival, der Schallplatten- und Musikmarkt MIDEM im Januar, das Mimosenfest im Februar, bei dem Tonnen von Schnittblumen die Stadt in ein Blumenmeer verwandeln, die farbenprächtigen Blumenkorsos und internationale Regatten. Der Alte Hafen (Vieux Port), inzwischen in einen Yachthafen umgewandelt, wird beherrscht von den Superyachten der Ölscheichs vom Persischen Golf und der Exillibanesen. So mondän die Prachtstraße *Promenade de la Croisette,* die mit ihrer doppelten Palmenreihe in nur zwei Meter Abstand parallel zum Strand verläuft, während die Landseite von Luxushotels im Stil der Belle Époque, modernen Appartementhäusern, Restaurants und todschicken Boutiquen gesäumt wird, so malerisch und oft genug auch kleinbürgerlich sind die dahinter liegenden Straßen und Gassen der 70 000-Einwohner-Stadt.

Seinen guten Ruf als Seebad verdankt Cannes eher einem Mißgeschick: 1834 war der reiche englische Politiker Lord Brougham mit seiner kränklichen Tochter unterwegs nach Nizza, wurde aber wegen einer in der Provinz wütenden Choleraepidemie aufgehalten. Der Gouverneur von Nizza, das damals zu Sardinien gehörte, hatte seine Grenzen gesperrt und ließ niemanden über den Fluß Var.

Brougham entschloß sich daraufhin, die Aufhebung der Grenzsperre in dem kleinen Fischerdorf Cannes abzuwarten. Als ihm seine Unterkunft in der primitiven Poststation des Dorfes zu unbequem wurde, ließ er sich ein herrschaftliches Haus bauen und verbrachte fortan die Winter statt im kalten, nebligen London im Sonnenschein der Côte d'Azur in Cannes. Sein Beispiel machte in der englischen Aristokratie Schule und begründete den Aufstieg Cannes' vom einfachen Fischerort zum mondänen Seebad.

19 Jahre vor Lord Brougham beherbergte Cannes einen anderen berühmten Gast: Am 1. März 1815 landete Napoleon Bonaparte nach seiner Flucht von Elba hier und verbrachte seine erste Nacht auf französischem Boden ganz in der Nähe des damaligen Fischerdorfes. An das kaiserliche Biwak erinnern noch heute ein Straßenname und eine Inschrift an der Kirche *Notre Dame de Bon Voyage.*

Abgesehen von dem Festspielhaus, dem Casino und dem *Palais de Congrès* hat Cannes nur ein paar unbedeutende Kirchen als Sehenswürdigkeiten zu bieten.

Cannes – Promenade de la Croisette

Cannes – Vieux Port

Der Alte Hafen, zu Füßen der Altstadt von Cannes gelegen und ehemals Herz des Fischerdorfes, wird heute von Yachten beherrscht, die sich die Wasserfläche mit einigen Fischerbooten und einer großen Flottille von Ausflugsschiffen teilen. Die 600 Liegeplätze für Yachten bis 60 m Länge sind alle mit Wasser- und Stromanschlüssen ausgestattet.

Die Ansteuerung bereitet keine Schwierigkeiten, außer es weht kräftig aus Süd, was selten vorkommt. Die befeuerten Molenköpfe und die gemauerte, ebenfalls befeuerte Untiefenbake *Le Sécant* erleichtern die nächtliche Ansteuerung.

Außer dem im Sommer stets überfüllten Vieux Port gibt es in Cannes noch weitere Yachthäfen.

Cannes – Port Pierre Canto

ist der erste mit Privatmitteln errichtete Yachthafen Frankreichs und Vorbild für viele hundert andere. Entsprechend luxuriös und teuer geht es hier zu. Die Ansteuerung der nach Nordwesten offenen Einfahrt ist dank 110 m Breite und gut 7 m Tiefe bei Tag und Nacht problemlos. Die Molenköpfe sind befeuert; der weiße Sektor weist den von Untiefen freien Weg vor die Einfahrt.

Der Hafen besteht aus zwei Becken: dem öffentlichen Vorhafen mit etwa 100 Liegeplätzen für Gäste und dem Innenhafen mit 550 privaten Plätzen für Yachten bis 50 m Länge. Die Ausstattung des Port Pierre Canto entspricht der einer modernen Marina.

An der

Pointe de la Croisette

unmittelbar südlich des Port Pierre Canto, liegen die Häfen **Port Bijou** (das nördliche Becken) und **Port de Palm Beach** (das südliche). Den Port Bijou können nur Yachten bis 1 m Tiefgang anlaufen, der Port de Palm Beach ist der Jollenhafen des exklusiven Yachtclubs Cannes.

420er vor der Pointe de la Croisette

Gastliegeplätze gibt es hier ebensowenig wie im **Port du Mouré-Rouge** östlich der Pointe de la Croisette. In diesem Hafen haben etwa 400 Sportboote bis 8 m Länge und 1 m Tiefgang Platz.

Îles de Lérins

Die beiden etwa 1000 m südlich der Pointe de la Croisette liegenden Île Sainte-Marguerite und Île Saint-Honorat sind mit dem Festland und untereinander durch eine Schwelle verbunden, die sich noch etwa 0,5 sm südlich der Île Sainte-Honorat unter Wasser fortsetzt. Die Durchfahrt sowohl zwischen dem Festland und der Île Sainte-Marguerite als auch zwischen den beiden Inseln sollte nur von flachgehenden Yachten bei ruhigem Wetter benutzt werden. Zwischen den beiden Inseln ankern an schönen Sommertagen Hunderte von Sportbooten.

Île Sainte-Marguerite

Die mit 3 km Länge und etwa 900 m Breite größte der beiden Lérins-Inseln ist im Besitz des französischen Staates. Durch die wunderschönen Eukalyptus- und Pinienwäldchen ziehen sich malerische Wege.

In der Antike war die Insel von Ligurern, später Griechen und Römern besiedelt; letztere hatten hier sogar einen Hafen angelegt, von dem im Westteil der Insel Fundamente gefunden worden sind, ebenso wie das Wrack eines römischen Schiffes. In der Nähe des *Fort Royal* wurden Reste von Häusern, Wandmalereien, Mosaiken und Keramiken aus der Zeit von 3000 v. Chr. bis 1000 n. Chr. entdeckt. Das Fort Royal wurde im 17. Jahrhundert unter Richelieu erbaut und 1712 von Vauban, dem Festungsbaumeister Ludwigs XIV., verstärkt. Es diente lange Zeit als Gefängnis; sein prominentester Insasse war der französische Exmarschall Bazaine, der als Hauptverantwortlicher der Kapitulation von Metz im Deutsch-Französischen Krieg von 1870/71 zu lebenslänglicher Haft verurteilt worden war. Heute ist das Fort zur Besichtigung freigegeben und beherbergt ein kleines Meereskundemuseum.

Westlich des Fort Royal befinden sich ein paar Anlegestege für Fährschiffe und Polizeiboote. Yachten können am Rand der Schwelle, die die Insel mit dem Festland verbindet, auf 5 bis 10 m Wassertiefe ankern. Mit dem Beiboot steuert man dann einen der kleinen Stege an, die westlich des Fähranlegers liegen.

Île Saint-Honorat

Die kleinere der Lérins-Inseln ist mit der Île Sainte-Marguerite durch das *Plateau du Milieu* verbunden, mit Wassertiefen von 1,50 bis 2,50 m. Die Insel ist Privatbesitz des Klosters Saint-Honorat, in dem Zisterziensermönche leben. Sie verdienen sich ein kleines Zubrot mit dem Verkauf ihres selbstgemachten Likörs „Lérina" und der Bewirtung der Inselbesucher in einem kleinen Restaurant.

Die Insel besitzt an ihrer Nordseite einen Hafen mit Wassertiefen von 1 bis 2 m, der im Sommer von kleinen Yachten überfüllt ist, so daß es selbst schwierig ist, mit dem Beiboot hier an Land zu kommen.

Auch die Île Saint-Honorat ist mit mächtigen Eukalyptusbäumen, Pinien und Zypressen bewachsen; ein großer Teil der Insel wird von den Mönchen jedoch landwirtschaftlich genutzt. Der Name Saint-Honorat geht zurück auf den heiligen Honoratius, der sich Ende des 4. Jahrhunderts in die Abgeschiedenheit dieser kleinen Insel zurückgezogen hatte. Zahlreiche junge Leute, die seine Lehren hören wollten, machten ihn bald ausfindig und bewegten ihn dazu, ein Kloster zu gründen. Die Mönche waren sehr emsig: 60 Klöster wurden von ihnen begründet. Zeitweilig reichte ihr Einflußbereich über weite Teile der Côte d'Azur.

Das befestigte Kloster steht im Süden der Insel auf einer Landspitze und ist auf drei Seiten vom Meer umspült. Von der Plattform seines mit Zinnen und Pechnasen bestückten Wehrturms aus dem 15. Jahrhundert reicht der phantastische Blick weit über Land und Meer: die Lérins-Inseln, die Küste vom Massif d'Estérel bis zur Halbinsel Antibes. Dahinter die fast das ganze Jahr über schneebedeckten Gipfel der Alpen.

Die neue Klosteranlage wurde im 19. Jahrhundert um die auf das 11. und 12. Jahrhundert zurückgehen-

Die Dreifaltigkeitskapelle auf der Île Saint-Honorat

den Wohnräume eines alten Klosters herum errichtet. In dem Klostermuseum werden Fragmente römischer Steinmetzarbeiten sowie Dokumente zur Geschichte des Klosters aufbewahrt.

Über die Insel waren sieben Kapellen verteilt, von denen zwei ihr ursprüngliches Bild bewahrt haben: die *Chapelle de la Trinité* (Dreifaltigkeitskapelle) an der Ostspitze und die *Chapelle St-Sauveur* (Erlöserkapelle), die malerisch unter Bäumen im nordwestlichen Teil der Île Saint-Honorat in der Nähe des Restaurants steht.

Golfe Juan

Die sanften, von den Blüten der Orangenbäume und Mimosen verzauberten Hänge bei Vallauris, die Halbinsel Cap d'Antibes und die Îles de Lérins umrahmen beschützend die annähernd 4 sm breite, von Sandstränden gesäumte Bucht. In ihrem Scheitel steht in 160 m Höhe ein Leuchtturm, dessen roter Sektor die Untiefen *La Fourmigue* und *Le Sécanion* abdeckt. Östlich dieses Leuchtturms liegt der vielbesuchte Badeort **Golfe-Juan** mit seinem Fischer- und Yachthafen, in dem 950 Yachten bis 2,50 m Tiefgang Platz finden und der mit dem Komfort einer modernen Marina ausgestattet ist.

Die Ansteuerung der nach Südosten offenen Hafeneinfahrt bereitet dank des erwähnten Leuchtturms *Vallauris* – man halte sich bei Nacht an die weißen Sektoren – und des auf dem Kopf der Südmole stehenden Leuchtfeuers keinerlei Schwierigkeiten. Die Liegeplätze für Gastyachten befinden sich an dem Steg N, der von der Südmole ausgeht (einlaufend an Backbord der erste Steg).

Am Hafen führt die *Avenue des Frères Roustan* entlang, eine Allee mit exotischen Sträuchern. Dahinter dann die niedrigen, liebevoll herausgeputzten Häuser mit Restaurants, Cafés und Boutiquen – eine gemütliche Kleinstadt-Atmosphäre.

Bekannt geworden ist der Ort durch Napoleon, der nach seinem Exil auf der Insel Elba am 1. März 1815 mit seiner Brigg „L'Inconstant" hier vor Anker ging, um mit seiner 1100 Mann starken Garde und einigen Pferden zum erstenmal nach seiner Verbannung wieder französischen Boden zu betreten. Da das nahe Antibes ihm die Unterstützung jedoch verweigerte, marschierte er mit seiner Garde weiter nach Cannes, um dort die erste Nacht zu verbringen. In Golfe-Juan ließ er die berühmte Proklamation anschlagen: „Der Sieg wird im Sturmschritt vorwärts eilen, und der Adler wird den Landesfarben von Kirchturmspitze zu Kirchturmspitze bis zu den Türmen von Nôtre Dame vorausfliegen."

Juan-les-Pins – Port Gallice

Das bekannte und beliebte Seebad Juan-les-Pins in der Nordostecke des Golfe Juan geht praktisch nahtlos in das benachbarte Antibes über. Tagsüber lockt der herrliche, 2 km lange, windgeschützte Sandstrand, abends erwacht das Leben in den Straßencafés, Restaurants und Nachtclubs beim Casino.

Am Südrand der Stadt liegt der mit dem Komfort einer modernen Marina ausgestattete Port Gallice mit 135 Liegeplätzen für Yachten bis 26 m Länge und 2,50 m Tiefgang. Die Ansteuerung der nach Nordwesten offenen Hafeneinfahrt erfolgt von Südwesten durch ein betonntes Fahrwasser, dessen seewärtiges Tonnenpaar befeuert ist. Das nordwestliche Ende der Außenmole ist ebenso befeuert wie die eigentliche Hafeneinfahrt.

An den Port Gallice schließt sich nach Süden hin der Jollenhafen **Port du Crouton** an. Gastplätze gibt es hier nicht.

Das *Cap d'Antibes* südlich von Juan-les-Pins, eine über 100 m hohe Felsenhalbinsel, begrenzt den Golfe Juan nach Osten. Auf der höchsten Erhebung des Caps steht der Leuchtturm *La Garoupe* mit einem Funkfeuer.

An der Nordseite von Cap d'Antibes liegt südlich der Ortschaft Antibes der kleine Yachthafen **Port de la Salis,** in dem etwa 200 Yachten bis 1,40 m Tiefgang Platz finden. Die Liegeplätze gehören jedoch alle zu den umliegenden Ferienvillen und -appartements.

Antibes – Port Vauban

Der mondäne, von vornehmer Zurückhaltung geprägte Badeort Antibes mit seinem Yachthafen Port Vauban liegt am Ende der *Baie des Anges* (Engelsbucht), beschützt von dem mächtigen, weithin sichtbaren *Fort Carré.* Neben dem Fremdenverkehr wichtigster Wirtschaftszweig von Antibes ist die Blumenzucht. In etwa 800 Großgärtnereien werden Rosen, Nelken, Anemonen, Tulpen, Zierpflanzen und Frühgemüse gezüchtet. Antibes ist auch Sitz einer Agrarwissenschaftlichen Hochschule, in der man sich speziell dem Studium der in dieser Gegend angebauten Pflanzen widmet.

Seekarten:

D 597 und 484
BA 2609
F 6954 und 5122
CG 501

Um 530 v. Chr. gründeten griechische Händler aus Massalia (dem heutigen Marseille) an der Stelle des heutigen Antibes eine Handelsniederlassung, die sie Antipolis (die Stadt gegenüber) nannten, denn damals bestand bereits Nikaia (Nizza). Den Griechen folgten die Römer, die hier eine wichtige Niederlassung und einen Hafen unterhielten.

Nach dem Niedergang des Römischen Reiches sank der Ort zur Bedeutungslosigkeit herab und wurde erst gegen Ende des 16. Jahrhunderts aus seinem Dornröschenschlaf erweckt, als Heinrich IV. ihn aufgrund seiner strategisch wichtigen Lage an der französisch-savoyischen Grenze von den Grimaldis erwarb, deren Eigentum er seit 1386 gewesen war. Die bereits unter den Grimaldis angelegten Festungsanlagen wurden unter den folgenden französischen Königen ständig verbessert, bis schließlich Vauban, der Festungsbaumeister Ludwigs XIV., die Anlagen vollendete, die noch jetzt das Ortsbild von Antibes prägen. Diesem Baumeister verdankt der Yachthafen seinen Namen.

Das heutige Antibes ist eine quirlige Stadt, in deren Außenbezirken sich zum Teil palastartige Villen dezent im Grünen verstecken. Die Sehenswürdigkeiten liegen fast ausnahmslos an der parallel zum Meer verlaufenden *Avenue Amiral de Grasse*, die auf dem einzigen noch bestehenden, dem Meer zugewandten Teil der Stadtbefestigung aus dem 17. Jahrhundert entlangführt. Die bedeutendste Sehenswürdigkeit ist die Grimaldiburg mit dem Picasso-Museum: Picasso hatte erst kurze Zeit an der französischen Riviera gelebt, als man ihm 1946 einen Teil der Grimaldiburg als Atelier zur Verfügung stellte. Die meisten der hier gezeigten Gemälde, Lithographien, Zeichnungen und Keramiken sind in einer einzigen Saison entstanden – Zeugnis der enormen Schaffenskraft des Künstlers.

Der aus mehreren Becken bestehende Port Vauban mit der Ausstattung einer modernen Marina verfügt über mehr als 2000 Liegeplätze. Dennoch ist es in der Saison schwer, einen freien Platz zu finden. Die Ansteuerung der nach Nordosten offenen Einfahrt ist dank der großzügigen Breite und des tiefen Wassers bei Tag und Nacht problemlos. Die Molenköpfe und der weitere Hafen sind gut befeuert. Auf dem Kopf der Ostmole brennt ein weittragendes Leuchtfeuer.

Marina Baie des Anges

Die vier riesigen, elegant geschwungenen 17stöckigen Pyramidenhäuser sind schon von weitem auszumachen. Ihre kühle Modernität ist genauso umstritten wie die nostalgische Architektur von Port Grimaud.

Die Ansteuerung des mit allem Komfort ausgestatteten, 2 bis 5 m tiefen Yachthafens, dessen Einfahrt sich nach Südosten öffnet, bereitet keinerlei Schwierigkeiten; die Molenköpfe sind befeuert.

Der Hafen verfügt über 600 Liegeplätze für Yachten bis 35 m Länge. Ein langer, wunderschöner Sandstrand, ein Schwimmbad sowie zahlreiche Cafés, Restaurants und Läden aller Art beleben diese funktionelle Marina an der Engelsbucht.

Cros-de-Cagnes

Der kleine Hafen dient als Basis des Seenotrettungsdienstes für den nahen Flughafen Nizza–Côte d'Azur und beherbergt zudem einige Fischerboote und Yachten von Einheimischen. Er kann nur von Booten mit maximal 1,20 m Tiefgang angelaufen werden; Liegeplätze für Gäste gibt es hier nicht. Man kann jedoch westlich der Hafeneinfahrt vor dem Strand auf 3 bis 10 m Wassertiefe ankern.

Die Ortschaft *Cagnes-sur-Mer* liegt 1 km landeinwärts

Schloß Cagnes

in einer Hügellandschaft mit Olivenbäumen, Palmen, Zitronen- und Orangenbäumen. Nelken, Rosen und Mimosen blühen in Hülle und Fülle. Der malerische Ort zieht seiner reizvollen Lage und der günstigen Lichtverhältnisse wegen zahlreiche Maler an. Alljährlich findet während der Sommermonate im Schloß von Cagnes eine bedeutende Ausstellung zeitgenössischer Malerei statt.

Empfehlenswert ist ein Besuch des *Musée d'Art moderne méditerranéen* (Museum für moderne Kunst des Mittelmeerraums), in dem aus dem reichen Fundus des Museums im Wechsel Werke aus dem 20. Jahrhundert ausgestellt sind, und zwar von Malern, die entweder am Mittelmeer geboren wurden oder zeitweise dort gelebt haben, angefangen von Dufy bis Vasarély. Das Haus in Cagnes, in dem Renoir von Gicht gepeinigt die letzten zwölf Jahre seines Lebens verbrachte, ist heute eine Stätte der Erinnerung an diesen großen Impressionisten.

Saint-Laurent-du-Var

Etwa 0,5 sm westlich der Mündung des Flusses Var, nur 4 km vom Zentrum von Nizza entfernt, ist vor einigen Jahren eine neue Marina mit 1065 Liegeplätzen für Yachten bis 25 m Länge und 3 m Tiefgang entstanden. Etwa 200 Plätze sind für Gäste vorgesehen.

Die Ansteuerung der nach Westen offenen Einfahrt bereitet außer bei starkem Südwind keine Schwierigkeiten. Der Kopf der Südmole ist befeuert; der weiße Sektor weist den Weg vor die ebenfalls befeuerte Hafeneinfahrt.

Der Lärm der auf dem knapp 1 km entfernten Flughafen Nizza–Côte d'Azur landenden und startenden Düsenclipper stellt eine erhebliche Belästigung dar.

Nizza

Sitz der Präfektur des Départements Alpes-Maritimes, des Bischofs und einer Universität, Metropole der französischen Riviera, mondänes Ganzjahres-Seebad und Touristenhochburg an der Côte d'Azur, eine reizvolle, durch ein Halbrund von Bergen geschützte Lage an der Baie des Anges, mildes Klima, Kunstschätze und eine Fülle von Unterhaltungsmöglichkeiten – das ist Nizza, eine Stadt, die noch heute von dem nostalgischen Abglanz der Ära aristokratischen Reisens der Gesundheit wegen im 18. und 19. Jahrhundert zehrt.

Vor 400 000 Jahren, während des Altpaläolithikums, war das heutige Nizza schon von Jägern bewohnt, wie Funde im Museum *Terra Amata* belegen. Bevor die Griechen ihre Handelsniederlassung Nikaia hier gründeten, gab es bereits eine ligurische Zitadelle. Die Römer siedelten ihre Kolonie Cemenelum auf dem Hügel des heutigen Mt. Cimier an. Vom 14. Jahrhundert an gehörte Nizza zu Savoyen, und erst 1860 schloß es sich durch einen Volksentscheid an Frankreich an.

Heute ist Nizza die zweitgrößte Stadt des französischen Mittelmeerraums und die fünftgrößte Frankreichs. Mit der Universität, den Hochschulen für bildende Künste und Musik, zahlreichen Museen und der alljährlich im Mai stattfindenden Buchmesse gehört Nizza zu einem der großen kulturellen Zentren der Riviera.

Mit *Sophia-Antipolis* in den Wäldern südöstlich von Valbon besitzt Nizza ein international anerkanntes Zentrum für Technologie, Wissenschaft und Forschung, das in Europa seinesgleichen sucht und keinen Vergleich mit dem Silicon Valley in den USA zu scheuen braucht. Betriebe der Leichtindustrie, Laboratorien, Forschungsinstitute sowie Wohnviertel und Freizeitanlagen mit einer konsequent modernen Architektur fügen sich gut in die Landschaft ein.

Der Hafen von Nizza, wichtiger Fährhafen für den Verkehr mit Korsika (Calvi ist knapp 100 sm entfernt), bietet Yachten inzwischen gute Liegemöglichkeiten im Herzen der Stadt. Die Ansteuerung ist bei jeder Windrichtung bei Tag und Nacht problemlos. Die Molenköpfe und der weitere Weg vom Vorhafen bis zu den Yachtliegeplätzen sind gut befeuert.

Einlaufend an Steuerbord befindet sich der Hafen des Yachtclubs Nizza; Gastliegeplätze gibt es hier nicht. Gastyachten liegen im hinteren Teil des Hafens, dem *Bassin Lympia,* gegenüber dem ehemaligen *Gare Maritime* (Seebahnhof) und dem Zollamt, und zwar an den fünf Stegen, die vom östlichen Kai ausgehen. Ein weiterer Steg führt von der Einfahrt des hinteren Hafenbeckens in nördliche Richtung. Man macht zunächst an der Steuerbordseite der Einfahrt zu dem mittleren Hafenbecken fest, um sich in der dort befindlichen Capitainerie einen Liegeplatz zuweisen zu lassen.

Die Liegeplätze verfügen über Strom- und Wasseranschlüsse; Duschen und Toiletten sind im Gebäude der Capitainerie untergebracht, ein Werftbetrieb und mehrere Schiffszubehörhändler liegen direkt hinter dem Ostkai. In der an den Hafen angrenzenden Altstadt, vor allem in der ersten Parallelstraße hinter dem Ostkai, dem *Boulevard de Stalingrad,* gibt es zahlreiche Lebensmittelgeschäfte, Restaurants und Cafés.

Nizza – Boulevard de Stalingrad

An der sonnigen Südseite der Stadt verläuft die *Promenade des Anglais,* eine breite, von mächtigen Palmen überragte Prachtstraße. Sie bietet herrliche Ausblicke auf die Baie des Anges bis hinüber zum *Fort Carré* von Antibes. Trotz des starken Autoverkehrs hat sich die Promenade des Anglais noch etwas von ihrer ursprünglichen Pracht bewahrt; Touristen aus aller Welt promenieren zwischen den Palmen und den weißen Fassaden und spiegelnden Fronten der majestätischen Hotelpaläste.

Einen Besuch des Blumenmarktes in der Nähe der Oper sollte man genausowenig versäumen wie den des Chagall-Museums. Hier kann man neben zahlreichen anderen Werken des großen Malers die zwischen 1954 und 1967 geschaffene „Biblische Botschaft" bewundern, die sich aus 17 großen Gemälden zusammensetzt. In einem Saal sind zwölf der Bilder vereint. Chagall hat die ernsten Themen mit der ihm eigenen naiv-zauberhaften Leichtigkeit dargestellt.

Dem bekannten Maler und Bildhauer Henri Matisse, der lange Jahre in Nizza lebte und arbeitete, ist das *Musée Matisse* gewidmet. Neben 30 Ölgemälden, die die künstlerische Entwicklung des Malers veranschaulichen, sind zahlreiche Zeichnungen und etwa 50 seiner Bronzefiguren ausgestellt.

Seekarten:

D 597 und 484
BA 2609
F 6952 und 5176
CG 500
I 1

Auch die Reste der Römersiedlung, das Thermenviertel, lohnen eine Besichtigung. Ende des 2. Jahrhunderts lebten rund 20000 Menschen in Cemenelum, dem Sitz des Prokurators der Provinz Seealpen. In dem Amphitheater mit Platz für etwa 4000 Zuschauer finden während des Sommers Veranstaltungen statt.

Höhepunkt des Jahres ist der Karneval von Nizza, der zwei Wochen vor Faschingsdienstag mit dem Einzug der symbolischen Figur des Prinzen Karneval beginnt und mit seiner Verbrennung in der Nacht zum Aschermittwoch ausklingt. Eine andere bekannte Veranstaltung ist das Jazz-Festival (Grande Parade du Jazz) im Juli.

Zwischen dem Mont Boron östlich von Nizza und dem Cap Ferrat öffnet sich eine der schönsten Buchten des Mittelmeers: die von bewaldeten Hängen umgebene, etwa 0,5 sm breite und 1,5 sm tief in die Berge einschneidende *Rade de Villefranche,* bis zur Schaffung des Hafens von Nizza im 18. Jahrhundert größter und wichtigster Naturhafen an der Côte d'Azur. An der Westseite der Rade de Villefranche liegt das bekannte Seebad

Villefranche-sur-Mer

mit seinem Fischer- und Yachthafen. An den nördlich gelegenen Fischerhafen grenzt die Altstadt an mit einer Reihe hoher, bunter Fassaden und einem malerischen Gewirr enger Gassen, die teilweise in Stufen ansteigen und deren Quergassen häufig überwölbt sind.

Den Nordhafen teilen sich die Fischer und der Segelclub Villefranche; Liegeplätze für Gastyachten gibt es hier nicht. Der Südhafen (Darse), einst Kriegshafen, in dem Galeeren gebaut und bemannt wurden, ist der mit dem Komfort einer modernen Marina ausgestattete Yachthafen von Villefranche mit etwa 400 Liege-

Villefranche-sur-Mer: der Fischerhafen (Nordhafen)

plätzen für Yachten bis 3,50 m Tiefgang. Seine nach Nordosten offene Einfahrt grenzt südlich an die mächtige Zitadelle an, die die Herzöge von Savoyen Ende des 16. Jahrhunderts zum Schutz der Bucht errichten ließen. Sie ist bei Tag eine gute Ansteuerungshilfe. Nachts weist der weiße Sektor des Feuers auf dem Kopf der Ostmole den Weg vor die Hafeneinfahrt.

Zu den Sehenswürdigkeiten von Villefranche gehört die *Chapelle St-Pierre,* die 1957 von dem bekannten Maler Jean Cocteau ausgeschmückt wurde. Zu beiden Seiten der innen bemalten Tür bilden die Flammen der Apokalyptischen Leuchter zwei weit geöffnete Augen. Die Fresken sind vom Stil der Zeichnung bestimmt: Weitläufig angelegt, präzise und sehr bildhaft, erzählen sie auf volkstümliche Weise das Leben des heiligen Petrus, greifen dabei aber weltliche Motive auf wie die Huldigung der Mädchen von Villefranche oder Zigeuner. Ein geometrisches Muster verbindet die verschiedenen Szenen.

Im *Musée Volti* in der Zitadelle sind zahlreiche Skulpturen des Bildhauers Volti, eines Künstlers aus Villefranche, ausgestellt.

An der Ostseite von Cap Ferrat, unterhalb der Halbinsel *Saint-Hospice,* liegen zwei malerische Ankerbuchten: **Anse de Lilong** und **Baie de Fossettes,** die außer bei südlichen Winden hervorragenden Schutz bieten.

Saint-Jean-Cap-Ferrat

Das ehemalige Fischerdorf hat sich wegen seiner wunderschönen Lage zu einem beliebten Seebad entwickelt. Weit verstreut über die Halbinsel Cap Ferrat stehen inmitten parkähnlicher Gärten prächtige Villen.

Der einstige Fischerhafen ist zu einem Yachthafen mit dem Komfort einer modernen Marina ausgebaut worden. 800 Yachten bis 28 m Länge und 3,50 m Tiefgang finden hier Platz. Die Ansteuerung der nach Norden offenen Einfahrt bereitet außer bei starkem Ostwind keinerlei Schwierigkeiten; der Kopf der Westmole ist befeuert.

In Saint-Jean-Cap-Ferrat mit seiner familiären Atmosphäre gibt es einige vom Touristenrummel verschont gebliebene Sehenswürdigkeiten wie die *Ephrussi-de-Rothschild-Stiftung* mit dem *Île-de-France-Museum* innerhalb einer 7 ha großen, phantastischen Parkanlage. Zu Beginn des 20. Jahrhunderts ließ die Kunstsammlerin Baronin Ephrussi de Rothschild das Museumsgebäude im Stil eines italienischen Palastes erbauen, um ihre bis dahin zusammengetragenen Kostbarkeiten in würdigem Rahmen unterbringen zu können. Die herrlichen Sammlungen und die Ausstattung der Salons sind eine Augenweide. Die Parkanlage besteht aus Gärten verschiedenster Stilrichtungen. Der zentrale Teil wurde als französischer Garten mit größtenteils am Mittelmeer beheimateten Blumen und Gewächsen angelegt. Von hier aus fällt der Blick auf stufenweise herabplätscherndes Wasser und auf ein kleines, dem Amor-Tempel des Trianon von Versailles nachgebildetes Tempelchen. Ein spanischer Garten mit Aronstab, Papyrusstauden, Granat- und Stechapfelbäumen, ein florentinischer Garten mit der Marmorstatue eines Jünglings, ein japanischer Garten mit exotischer Vegetation und ein großer Rosengarten runden das Ensemble ab.

In dem sehenswerten Zoo bei der *Pte. de la Gavinette* mit zahlreichen tropischen Gewächsen gibt es etwa 350 verschiedene Tier- und Vogelarten der Tropen zu sehen, darunter einen Kondor aus den Anden mit etwa 3 m Flügelspannweite.

Ein Spaziergang zum Leuchtturm an der Südspitze von Cap Ferrat – wer gut zu Fuß ist, kann auch die 164 Stufen zur Plattform des Leuchtfeuers hinaufsteigen – wird mit einer Rundumsicht von der Landspitze beim italienischen Bordighera über die Voralpen und Alpen bis hin zum Estérel-Massiv belohnt.

Südlich von *Beaulieu-sur-Mer* liegt **Port de Fourmis,** ein Hafen für etwa 60 Yachten mit maximal 1 m Tiefgang. Die Liegeplätze sind fast ausschließlich an einheimische Eigner von kleinen Motoryachten vergeben; Liegeplätze für Gastyachten gibt es hier nicht.

Beaulieu-sur-Mer

Das Städtchen ist wegen seiner Ruhe und seines ausgeglichenen Klimas ein beliebtes Seebad, zählt es doch zu den wärmsten Fleckchen an der französischen Riviera. Besonders reizvoll sind die mit zahlreichen Bäumen und verschiedenartigen Blumen bestandenen Anlagen an der *Baie de Fourmis,* an der auch der Port de Fourmis liegt.

Der wie eine moderne Marina ausgestattete Yachthafen von Beaulieu-sur-Mer verfügt über 800 Liegeplätze für Yachten bis 30 m Länge und 3,50 m Tiefgang. Der vor der Hafeneinfahrt liegende Wellenbrecher zum Schutz vor Seegang aus Ost bildet eine nördliche und eine südliche Zufahrt. Die südliche können nur Yachten bis 1,50 m Tiefgang benutzen. Die beiden Enden des Wellenbrechers sind be-

Der Vieux Port zu Füßen der Altstadt von Cannes. Vor dem Hintergrund des eleganten Seebades liegen vom dreimastigen Ostindienfahrer vergangener Zeiten als Museumsstück bis zur supermodernen 50-m-Luxusmotoryacht Schiffe aller Größen einträchtig neben Fischer- und Ausflugsbooten. Kaum vorstellbar, daß die Stadt vor 150 Jahren noch ein armseliges kleines Fischerdorf war, das seinen Aufstieg zu einem der mondänsten Seebäder Europas eher einem Mißgeschick verdankt, das einem reichen englischen Reisenden widerfuhr

Eingebettet in viel Grün, liegt das Seebad Cannes malerisch vor dem Hintergrund der Berge. Vom Vieux Port (oben links) zieht sich die Promenade de la Croisette vorbei am Yachthafen Port Pierre Canto bis zur Pointe de la Croisette. Vorn im Bild der östlich der Pointe de la Croisette gelegene Hafen für Jollen und kleine Yachten, Port du Mouré-Rouge

1

2

3

4

1 *Die mit Eukalyptus- und Pinienwäldchen bewachsenen Îles de Lérins bieten Yachten malerische Ankerplätze*

2 *Cannes – die beiden kleinen Häfen Port Bijou und Port de Palm Beach*

3 *Die Insel Saint-Honorat mit dem befestigten Kloster auf einer Landspitze an der Südseite*

4 *Das Plateau du Milieu zwischen den Inseln Sainte-Marguerite und Saint-Honorat ist ein beliebter Ankerplatz*

1

2

3

1 *Der große Yachthafen von Golfe-Juan. Für Gäste ist der erste Steg einlaufend an Backbord vorgesehen*

2 *Juan-les-Pins. Im Bild unten der Yachthafen Port Gallice, darüber der Jollenhafen Port du Crouton*

3 *Die Pointe de l'Îlette am Cap d'Antibes*

1 *Port de la Salis, ein Hafen für kleine Yachten*

2 *Antibes – der Yachthafen Port Vauban*

3 *Marina Baie des Anges mit den vier 17stöckigen, elegant geschwungenen Pyramidenhäusern*

Der Hafen von Nizza im Herzen der Stadt ist wichtiger Fährhafen für den Verkehr mit Korsika. Er bietet inzwischen an fünf Stegen auch für Yachten gute Liegemöglichkeiten. Vorn im Bild an Steuerbord der Einfahrt der Hafen des Yachtclubs von Nizza

Zwischen dem Mont Boron östlich von Nizza und dem Cap Ferrat öffnet sich eine der schönsten Buchten des Mittelmeeres: die von bewaldeten Hängen malerisch umgebene, 0,5 sm breite und 1,5 sm tiefe Rade de Villefranche

1 *Der neue Yachthafen Saint-Laurent-du-Var liegt nur knapp 1 km vom Flughafen Nizza-Côte d'Azur entfernt – entsprechend störend wirkt sich der Lärm der startenden und landenden Flugzeuge aus*

2 *Die Küste zwischen Nizza und Villefranche mit dem Cap de Nice (im Vordergrund) und dem Cap Ferrat*

3 *Villefranche-sur-Mer, ein malerisches Seebad am Westufer der zauberhaften Rade de Villefranche. Die Einfahrt zu dem modernen Yachthafen grenzt südlich an die mächtige Zitadelle, die die Herzöge von Savoyen Ende des 16. Jahrhunderts zum Schutz der Bucht errichten ließen. Zu jener Zeit war diese Bucht der einzige große Naturhafen an der Côte d'Azur*

2

3

1

1 *Der Yachthafen des Seebades Saint-Jean-Cap-Ferrat mit seiner familiären Atmosphäre lohnt einen Besuch, gibt es hier doch einige vom Touristenrummel verschont gebliebene Sehenswürdigkeiten*

2 *Im Vordergrund Port de Fourmis, ein kleiner Yachthafen in wunderschöner Umgebung südlich von Beaulieu-sur-Mer (schöner Ort am Meer), dessen Hafen man im Hintergrund sieht*

3 *Beaulieu-sur-Mer. Das Seebad ist wegen seiner Ruhe und seines ausgeglichenen Klimas sehr beliebt. Der Wellenbrecher vor der Einfahrt läßt eine nördliche und eine südliche Einfahrt frei. Letztere kann nur von flachgehenden Yachten benutzt werden*

Vor den Ausläufern der Seealpen liegt der zweitkleinste Staat Europas, Monaco, mit den Stadtvierteln Fontvieille auf aufgeschüttetem Gelände (vorn), der Altstadt Monaco auf der Felsenhalbinsel Le Rocher (Mitte) und der Wolkenkratzer-Skyline von Monte-Carlo. Dazwischen die Yachthäfen Port de Cap d'Ail, Port de Fontvieille und der alte Stadthafen La Condamine

1 *Der moderne Yachthafen Port de Fontvieille zwischen der Felsenhalbinsel Le Rocher mit der Altstadt Monaco und dem Fürstenpalast sowie dem Stadtteil Fontvieille bietet Yachten aller Größen Liegeplätze*

2 *Port de Cap d'Ail liegt noch auf französischem Gebiet. Die Grenze verläuft nur wenige Meter hinter dem Kai. Auf dem aufgeschütteten Gelände zwischen Port de Cap d'Ail und Port de Fontvieille wird noch kräftig gebaut*

feuert, ebenso die Molen der Hafeneinfahrt.

An der Ostseite von *Cap Roux* liegt der kleine Privathafen **Silva Maris** für etwa 30 Yachten bis 1,50 m Tiefgang. Gastliegeplätze gibt es hier nicht.

Monaco

Das nur 1,81 km² große Fürstentum ist nach Vatikanstadt der zweitkleinste Staat Europas. Von seinen über 30 000 Einwohnern besitzen allerdings nur knapp 11 000 die monegassische Staatsangehörigkeit; nur diese brauchen weder Steuern zu zahlen noch Militärdienst zu leisten.

Das Fürstentum umfaßt die auf der Felsenhalbinsel *Le Rocher* südlich des Hafens gelegene Altstadt Monaco mit dem Sitz der Regierung und der Residenz des Fürsten, den neuen Stadtteil *Monte-Carlo* entlang der Küste im Nordosten und das beide Orte verbindende Geschäfts- und Hafenviertel *La Condamine* sowie das Industrieviertel *Fontvieille,* das zum größten Teil auf aufgeschüttetem Gelände steht. Etwa 20 Prozent der Gesamtfläche Monacos sind inzwischen künstliches Land.

Bereits während der Cromagnonperiode war die Gegend von Monaco besiedelt, wie Funde im Anthropologischen Museum für Vor- und Frühgeschichte in Monaco zeigen. Phöniker und Griechen aus Massalia (Marseille) hatten hier ihre Handelsniederlassungen.

Monaco – der Fürstenpalast

Die Römer nannten den Ort Portus Herculis Monoeci, woraus sich dann der Name Monaco entwickelte, und unterhielten hier einen wichtigen Hafen.

1162 erhielten wohlhabende Genueser Kaufleute von Friedrich Barbarossa das Recht, in Monaco eine Niederlassung zu errichten. Dieses Jahr gilt als offizielles Gründungsjahr des Fürstentums.

Während der Auseinandersetzungen in Italien zwischen den papsttreuen Guelfen und den Anhängern der Staufer-Kaiser, den Ghibellinen, wurde Franz Grimaldi aus Genua vertrieben. Mit einigen Helfern gelang es ihm 1297 als Mönch verkleidet, sich Monacos zu bemächtigen, was ihm den Beinamen „der Listenreiche“ einbrachte. Die bewaffneten Mönche im Wappen der Grimaldis sind auf diese Begebenheit zurückzuführen. Name und Wappen der Grimaldis wurden

Das Wappen der Grimaldis

Die Villa Kérylos

Auf der Pointe de Fourmis steht die Nachbildung eines prunkvollen griechisch-antiken Hauses; der Standort erinnert an die Ufer der Ägäis. Bauherr war der Archäologe Théodore Reinach, der das Gebäude nach eigenen Plänen unter Verwendung kostbarster Materialien wie Marmor aus Carrara, Zitronenbaumholz und anderen exotischen Hölzern errichten ließ.

Die Fresken im Inneren sind Kopien antiker Vorbilder, die Möbelstücke aus Holz mit Elfenbein-, Bronze- und Ledereinlegearbeiten wurden nach Abbildungen auf griechisch-antiken Vasen und Mosaiken angefertigt. Die in den verschiedenen Räumen gezeigten Gebrauchs- und Dekorationsgegenstände wie Amphoren, Gefäße, Öllampen, Mosaiken und Büsten sind Originale.

Aus den Fenstern der Villa bieten sich herrliche Ausblicke auf das Meer, die Baie de Fourmis, das Cap Ferrat bis hinüber zum Cap d'Ail. An den Meeresseiten ist die Villa von einem parkähnlichen Garten umgeben.

Villa Kérylos

La Condamine, der alte Hafen von Monaco zwischen den Palästen der Altstadt Monaco und dem neuen Stadtviertel Monte-Carlo mit seinen Wolkenkratzern, liegt vor dem Banken- und Geschäftsviertel La Condamine. Große Luxusyachten prägen das Bild dieses wohl exklusivsten und teuersten Hafens an der Côte d'Azur

1

2

1 *Menton, das wärmste Seebad an der Côte d'Azur mit zwei Yachthäfen, ist die letzte französische Stadt vor der italienischen Grenze*

2 *Menton-Ville. Aus dem alten Fischerhafen ist ein beliebter Yachthafen geworden, der sichere und bequeme Liegeplätze zu Füßen der Altstadt bietet*

3 *Menton-Garavan, der moderne Yachthafen von Menton mit über 1000 Liegeplätzen. Im Hintergrund die italienische Küste bei Bordighera*

seitdem von allen Titelerben bis heute weitergetragen.

1512 bestätigte Ludwig XII. von Frankreich die Souveränität des Fürstentums, zu dem damals noch die Orte Menton und Roquebrune gehörten.

Nach der Französischen Revolution wurde Monaco für eine Zeitlang von Frankreich annektiert, erhielt aber auf dem Wiener Kongreß 1814 seine Selbständigkeit zurück. 1861 wurden die beiden Gemeinden Roquebrune und Menton für vier Millionen Francs an Frankreich verkauft. Mit einem guten Gespür investierte der damalige Fürst das Geld in den sich langsam entwikkelnden Fremdenverkehr, von dem Monaco heute in der Hauptsache lebt: Mehr als drei Millionen Touristen besuchen jährlich das Fürstentum. Aber auch die Industrie prosperiert, wie das aufstrebende Viertel Fontvieille zeigt. Hier ist eine umweltfreundliche Leichtindustrie für Bekleidung, Druckerzeugnisse, Arzneimittel, Parfüm, Kunststoffartikel, Präzisionswaren und Nahrungsmittel entstanden.

Yachten bietet Monaco in drei Häfen geschützte Liegeplätze: Port de Cap d'Ail im Westen, Port de Fontvieille westlich von Le Rocher und La Condamine im Osten. Die Liegegebühren sind allerdings sehr viel höher als an der übrigen Küste.

Port de Cap d'Ail

Der am westlichsten gelegene Yachthafen von Monaco befindet sich noch auf französischem Gebiet; die Grenze verläuft wenige Meter hinter dem nordöstlichen Kai. 315 Yachten bis 35 m Länge und 6 m Tiefgang haben hier Platz; große Yachten legen an der Innenseite der Südostmole an. Die Ausstattung des Hafens entspricht dem einer modernen Marina.

Die Ansteuerung der nach Westen offenen, 20 m tiefen Hafeneinfahrt bereitet keinerlei Schwierigkeiten; bei Nacht sind die Molenköpfe befeuert.

Port de Fontvieille

Der Yachthafen mit dem Komfort einer modernen Marina ist zwischen der Felsenhalbinsel Le Rocher und der Aufschüttung Fontvieille entstanden. Etwa 400 Yachten aller Größen finden hier Platz. Die nach Nordosten offene Hafeneinfahrt liegt etwa 300 m südlich des markanten Gebäudes des Ozeanographischen Museums. Bei starken Winden aus Nordost bis Süd ist die Ansteuerung der 60 m breiten und 16 m tiefen Einfahrt problematisch, zumindest für schwach motorisierte Yachten. Ansonsten bereitet die Ansteuerung keine Probleme; die Molenköpfe sind nachts befeuert. Die Altstadt von Monaco ist zu Fuß in 20 Minuten zu erreichen.

La Condamine

Riesige Superyachten prägen das Bild dieses Hafens zwischen der Hochhaus-Skyline von Monte-Carlo und den Palästen Monacos. Obwohl ein öffentlicher Hafen, entscheidet die Dicke des Bankkontos darüber, ob ein Liegeplatz für längere Zeit frei ist oder nicht. Nur wenige Liegeplätze sind für kleinere Yachten vorgesehen; die hohen Liegegebühren lassen den Gedanken an einen längeren Aufenthalt in diesem Hafen ohnehin nicht aufkommen.

Die Ansteuerung der nach Osten offenen, 80 m breiten und 40 m tiefen Einfahrt bereitet keinerlei Schwierigkeiten. Die Wolkenkratzer von Monte-Carlo sind auch von weitem nicht zu übersehen, die Molenköpfe sind befeuert. Der Hafen verfügt über etwa 450 Liegeplätze für Yachten jeder Größe; die Plätze vor dem südlichen Kai sind für den exklusiven Yachtclub von Monaco reserviert, der in der Südostecke des Hafens sein Domizil hat (Zutritt nur für Mitglieder). Selbstredend verfügen die Liegeplätze über Strom-, Wasser-, Telefon- und Kabelfernsehanschlüsse.

Beim Anlaufen der monegassischen Häfen denke man daran, daß Monaco ein selbständiger Staat ist. Die Höflichkeit gebietet es, die monegassische Flagge als Gastflagge zu setzen.

In Monaco finden das ganze Jahr über große Veranstaltungen statt: glänzende Opernpremieren, Konzerte des staatlichen Ensembles „Orchestre National de Monte-Carlo", das internationale Kunstfestival (Dezember bis April), das Zirkus- und Fernsehfestival (im Januar und Februar), das internationale Tennisturnier im April, das Blumenfest „Monte-Carlo Flora" im Mai, Ballettaufführungen, Konzerte im Ehrenhof des Schlosses, das Feuerwerksfestival (im Juli und August) und, nicht zu vergessen, die zwei großen motorsportlichen Veranstaltungen: die Rallye Monte-Carlo und der Grand Prix Automobile, der unter Höllenlärm auf einer schwierigen, gut 3 km langen Strecke in den Straßen des Fürstentums ausgetragen wird.

Zu den bekanntesten Sehenswürdigkeiten Monacos gehört der *Jardin Exotique* (Tropengarten). Hier gedeihen in einem außergewöhnlichen Mikroklima über 6000 Arten prächtiger, zum Großteil in den Wüsten Mexikos und Südafrikas beheimateter Kakteen und Dickblattgewächse. Beim Anblick ihres ungewöhnliches Wuchses und der einmaligen Farbenpracht ihrer Blüten fühlt man sich auf einen anderen Kontinent versetzt.

Innerhalb des Jardin Exotique kann man die 558 Stufen zu der *Grotte de l'Observatoire* (Tropfsteinhöhle) hinabsteigen. In mehreren übereinander liegenden Räumen eröffnet sich die Schönheit der gut erschlossenen Höhle, voller wundervoller Stalagmiten und Stalaktiten. In der Eingangshöhle wurden Knochen prähistorischer Tiere und Handwerkszeug gefunden, die belegen, daß die Höhle bereits vor 200 000 Jahren

Monaco – Kakteen im Jardin Exotique

von Menschen bewohnt wurde. Diese Funde sind neben Knochen von Mammuts, Rentieren, Höhlenbären und dem Ende des 19. Jahrhunderts im Viertel von La Condamine entdeckten punischen Schatz im Anthropologischen Museum für Vor- und Frühgeschichte ausgestellt. Das Museum befindet sich ebenfalls auf dem Gelände des Jardin Exotique.

Ein unbedingtes Muß für den Monaco-Besucher ist das Ozeanographische Museum, das 1910 von Fürst Albert I. gegründet wurde und in dem auch ein meereswissenschaftliches Forschungsinstitut eingerichtet ist. Von der Dachterrasse des Museums aus hat man einen phantastischen Blick, der vom Estérel bis zur italienischen Riviera reicht. Hinter der Stadt zeichnen sich die Umrisse der Berge *Tête de Chien* und *Mont Agel* ab, mit den Antennenanlagen des Senders Monte-Carlo.

Ein Schauspiel besonderer Art ist die tägliche Wachablösung (11.55 Uhr) vor dem fürstlichen Palast, den man bei Abwesenheit des Fürsten zu einem Teil besichtigen kann. 1215 haben die Genuesen mit dem Bau dieses Palastes begonnen; seine Renaissancefassade erhielt er im 15. und 16. Jahrhundert.

Das ehemals nur den ganz Reichen zugängliche Casino kann heute von jedermann über 21 Jahre betreten werden – allerdings sind 20 Francs Eintritt zu zahlen. Von der Terrasse des Casinos herab blickt man auf Monaco und die Küste bis Bordighera.

Ein besonderes nostalgisches Erlebnis ist der Besuch des Puppenmuseums in einer Villa in einem schönen, mit Skulpturen geschmückten Rosengarten. In einem malerischen Rahmen sind hier über 400 seit dem 18. Jahrhundert zusammengetragene Puppen, eine riesengroße neapolitanische Weihnachtskrippe mit 250 Figuren sowie eine äußerst reizvolle Sammlung von über 100 Spieldosen aus dem 19. Jahrhundert zu sehen.

Wer dem Rummel Monacos entfliehen will, sollte 2 sm östlich in der **Baie de Roquebrune** westlich von Cap Martin ankern. Die Stadt Roquebrune hat sich inzwischen über die gesamte Halbinsel Cap Martin und an der Küste entlang von Monte-Carlo bis Menton ausgebreitet. Oberhalb des modernen Seebads liegt der noch immer von seinen Mauern geschützte und vom Wehrturm der Burg überragte alte Teil – Frankreichs einziger befestigter Ort aus der Karolingerzeit, mit schmalen, winkligen und steilen Gassen, teils unter Gewölben, teils als Treppen

Monaco – eine Spieluhr aus dem nationalen Puppenmuseum

Gasse in Roquebrune

ausgebildet. Sehenswert ist auch der Bergfried, ein trutziger Wohn- und Verteidigungsturm mit 2 bis 4 m dicken Mauern voller Pechnasen, Schießscharten und Zinnen.

Menton

ist das wärmste Seebad an der Côte d'Azur, so daß hier das ganze Jahr über Saison ist. Lange Sandstrände, zwei Yachthäfen und zahlreiche festliche sowie kulturelle Veranstaltungen bieten dem Besucher im Sommer Entspannung und Abwechslung.

Die Geschichte der Stadt läßt sich bis ins 10. Jahrhundert zurückverfolgen. Von 1346 bis 1848 gehörte Menton zu Monaco. Nach einem kurzen Zwischenspiel als unabhängige Stadt kommt es 1861 zusammen mit Roquebrune an Frankreich. Neben dem Tourismus als wichtigstem Erwerbszweig lebt die Stadt vom Anbau von Zitrusfrüchten und Oliven.

Menton-Ville

Aus dem alten Fischerhafen im Zentrum der Altstadt hat sich ein beliebter, mit dem Komfort einer modernen Marina ausgestatteter Yachthafen mit 350 Liegeplätzen für Schiffe bis 30 m Länge und 4,50 m Tiefgang entwickelt. Die Ansteuerung der 5,50 m tiefen, nach Osten offenen Einfahrt bereitet keinerlei Schwierigkeiten. Die Altstadt von Menton ist schon von weitem auszumachen; der südliche Molenkopf ist befeuert.

Menton-Garavan

Der früher eigenständige und nur aus einigen Prachtvillen bestehende Stadtteil Garavan hat vor allem seit der Eröffnung des mit allem Komfort ausgestatteten Yachthafens im Jahre 1967 viele Leute angezogen, die sich auf diesem wunderschön gelegenen Fleckchen exklusive Häuser bauen ließen.

1038 Yachten bis 40 m Länge und 5 m Tiefgang finden in dem Hafen Platz. Die Ansteuerung der nach Westen offenen Einfahrt ist außer bei starken südlichen Winden problemlos. Die Molenköpfe sind befeuert.

„Artium Civitas" – diese lateinische Inschrift am Rathaus gilt den Stadtvätern Mentons als Verpflichtung, Bürgern wie Besuchern das künstlerische Erbe zu erhalten und ihnen ein vielfältiges kulturelles Angebot zu präsentieren wie die internationale Kunstbienale, die Kammermusikfestspiele und die alljährliche Verleihung des Katherine-Mansfield-Preises für die beste Novelle. Die meisten dieser Veranstaltungen finden in dem noch immer den Glanz der Belle Époque ausstrahlenden Europa-Palais am *Jardin Biovès* statt.

Menton – Jardin Biovès

Seekarten:

D 498
BA 2609
F 6953 und 6863
CG 500
I 1

4 Italienische Riviera

FRANZÖSISCHE GRENZE BIS LA SPEZIA

San Remo, ältester und bekanntester Kurort an der italienischen Blumenriviera. In seinen beiden Häfen Porto Communale und Porto Sole zu Füßen der mit riesigen Gewächshäusern bebauten Ausläufer der Seealpen finden über 1000 Yachten Platz

1 *Bordighera, die Stadt der Palmen und Blumen. Der gemütliche Yachthafen ist, von Westen kommend, der erste in Italien*

2 *San Remo – der Porto Communale mit seinem bunten Gemisch von Fischerbooten, Yachten, Ausflugsschiffen und kleinen Küstenfrachtern*

3 *Der Porto Sole von San Remo bietet etwa 800 Yachten komfortable Liegeplätze*

1

1

2

3

1 *Imperia, die aus dem Zusammenschluß der Ortschaften Porto Maurizio (unten im Bild) und Oneglia (oben) entstandene Provinzhauptstadt, ist eine lebendige Industriestadt*

2 *Arma di Taggia, ein kleines, gemütliches Seebad an der Mündung des Flusses Argentina. Das Hafenbecken (links) ist nur 2 m tief*

3 *Imperia-Oneglia. Der Handels- und Industriehafen ist für Yachten nicht sonderlich gut geeignet. Angenehmer liegt man in Porto Maurizio*

4 *Imperia-Porto Maurizio, der Fischer- und Yachthafen mit einer fast 1 km weit ins Meer ragenden Außenmole. In den Sommermonaten wird kurz hinter dem Querstummel der Außenmole ein Steg für Gäste ausgelegt; besser liegt man jedoch an den Stegen im Inneren des Hafens*

1 *Die Küste zwischen Capo Cervo und Capo Berta (im Hintergrund). Vor dem Capo Berta liegt malerisch Diano Marina, das mit den Ortschaften Rovere und Cervo zu verschmelzen scheint*

2 *Das kleine Seebad San Bartolomeo al Mare wird überragt von einer prächtigen Kirche*

3 *Vor einer Hochhauskulisse liegt der kleine, versandete Privathafen San Lorenzo al Mare*

4 *Marina di Andora ist ein hübsches Seebad an der weiten Bucht zwischen Capo Cervo und Capo Mele. In dem kleinen Yachthafen gibt es nur wenige Gastliegeplätze an der Innenseite der Außenmole*

5 *Diano Marina. Der kleine Hafen kann nur von Yachten bis 1,50 m Tiefgang angelaufen werden*

1

2

3

4

5

1

2

1 *Capo Mele mit seinem Leuchtturm und dem Semaphor. Vorn links der Yachthafen Marina di Andora, im Hintergrund Alassio mit seinem Yachthafen am Capo San Croce, gegenüber die Insel Gallinara*

2 *Im Yachthafen von Alassio sind die ersten Meter an der Innenseite der Außenmole für Gastyachten vorgesehen*

3 *Das grün bewachsene Felseneiland Gallinara befindet sich in Privatbesitz; der kleine Hafen darf nur in Notfällen angelaufen werden*

1 *Loano, geschichtsträchtiges und beliebtes Seebad an der Riviera di Ponente*
2 *Die Punta Crena mit dem quadratischen Wachturm, dahinter Varigotti und der Yachthafen von Finale Ligure*
3 *Finale Ligure/Varigotti und die Punta Crena, im Hintergrund das Capo di Noli mit dem Gebäude des Semaphors in 280 m Höhe*

1

2

3

1 *Der gemütliche Yachthafen von Varazze. Die hübsche Ortschaft gehört schon zum Naherholungsgebiet der Metropole Genua*

2 *Savona. Die betriebsame Industrie- und Handelsstadt bietet Yachten in der Darsena Vecchia, dem Alten Hafen, ruhige Liegeplätze fernab vom Betrieb des Handelshafens*

3 *Finale Ligure. Der moderne Yachthafen ist wegen seiner familiären Atmosphäre und ruhigen Lage ein beliebter Anlaufpunkt an der Riviera dei Fiori. Gastyachten machen am vorderen Teil der Außenmole fest. Die Ortschaft liegt hinter der von einem Turm überragten Punta San Donato (oben im Bild)*

4 *Arenzano, inmitten von Pinienwäldern gelegener Badeort etwa auf der Mitte zwischen Savona und Genua. Der viel zu kleine Yachthafen ist im Sommer stets überfüllt – Liegeplätze für Gäste gibt es nur wenige an der Innenseite der Außenmole*

Die italienische Riviera teilt sich in die Riviera di Ponente südwestlich von Genua und die Riviera di Levante südöstlich davon. Italienische Riviera – das ist Italien in seinen leuchtendsten Farben: flimmerndes Silber vor einem in allen Blautönen spiegelnden Meer, Palmenalleen, Blumenmärkte. Für die aus Frankreich kommende Yachtbesatzung heißt es umdenken: Man trifft nicht mehr nur auf perfekt durchorganisierte Marinas, und wenn man angelegt hat, steht nur selten gleich jemand da, um die Liegegebühren zu kassieren. Auch der eigene Anker ist wieder häufiger gefragt.

Ventimiglia

ist die erste Stadt auf italienischen Boden, an der Mündung des Flusses Roja gelegen. Die Roja teilt Ventimiglia in eine hochgelegene Altstadt und in eine moderne Touristenstadt mit großem Blumenmarkt und einer von Palmen gesäumten Uferpromenade.

Der Versuch, hier einen Yachthafen zu errichten, ist in den Anfängen steckengeblieben – ein Teil der bereits fertiggestellten Außenmole ist inzwischen wieder zerstört. Hinter den Molenresten liegen an Bojen einige kleine Yachten und Fischerboote, die im Winter an Land gezogen werden.

Bei ruhigem Wetter lohnt es sich, in der Nähe zu ankern und mit dem Beiboot an Land zu gehen, denn Ventimiglia bietet dem Besucher einiges Sehenswertes wie Ausgrabungen der alten Römerstadt Albintimilium mit Resten des Theaters, das Archäologische Museum und den wenige Kilometer westlich, nahe der französischen Grenze am Capo Mortola gelegenen *Giardino Hanbury*, größter botanischer Garten Italiens mit rund 6000 Pflanzenarten. Sir Thomas Hanbury hatte vor 120 Jahren sein ganzes Vermögen in die Anlage dieses Paradieses investiert, an deren Verwirklichung ein deutscher Gärtner namens Ludwig Winter beteiligt war.

Giardino Hanbury

Bordighera

Da lag der Hafen, die Stadt und das Meer im vollsten Sonnenschein da, das Meer bis weit hinaus blau . . .

Alles wimmelt von Schiffen, Masten und Segeln.
(Richard Wagner)

Die Stadt der Palmen und Blumen mit ihrem gemütlichen, alten Ortskern oberhalb des *Capo San Ampelio* ist inzwischen mit Ventimiglia zusammengewachsen.

Der Yachthafen weist 250 Liegeplätze auf. Jene an den Stegen sind für Yachten bis 10 m Länge bestimmt; größere machen an der Innenseite der Außenmole fest. Die Liegeplätze an den Stegen verfügen über Wasser- und Stromanschlüsse, an der Außenmole sind an mehreren Stellen Wasserhähne.

Die Ansteuerung der nach Nordosten offenen Einfahrt bereitet außer bei kräftigem südöstlichem Wind keinerlei Schwierigkeiten; der Kopf der Außenmole ist befeuert. Die Steinschüttung der Außenmole setzt sich unter Wasser noch gut 100 m in nordöstlicher Richtung fort, so daß man entsprechend Abstand halten sollte.

Die malerische Altstadt oberhalb des Hafens mit ihren zahlreichen Cafés und Restaurants lohnt einen Besuch. Im „Le Chaudron" sollte man die Jakobsmuscheln probieren und im „La Reserve Tastevin" die regionale Küche.

An der Ostseite des *Capo Nero* liegt der kleine Privathafen **Porticciolo di Capo Pini**, dessen Liegeplätze an die Eigentümer der Ferienwohnungen vergeben sind.

San Remo

Einst nur von Fischern und Gemüsezüchtern bewohnt, hat sich San Remo dank seiner bevorzugten klimatischen Lage innerhalb eines Jahrhunderts zu einem der elegantesten und meistbesuchten Kurorte an der *Riviera dei Fiori* (Blumenriviera) entwickelt, deren Hauptort es ist.

Östlich des alten Hafens, an der Mündung des Flusses S. Francesco, ist ein großer Yachthafen entstanden. In den beiden Häfen haben insgesamt über 1000 Yachten Platz. Die gemeinsame Einfahrt öffnet sich nach Südosten. Die Ansteuerung ist problemlos: Bei Tage läßt sich die ziemlich genau in der Mitte zwischen *Capo Nero* und *Capo dell'Arma* vor den steilen, bis zu 1000 m hohen, bewaldeten Bergen des Hinterlandes gelegene Stadt gut ausmachen; bei Nacht kann man sich an der von kräftigen Lampen angestrahlten Wallfahrtskirche *Madonna della Costa* etwa 100 m oberhalb des Hafens orientieren. Die Hafeneinfahrt ist befeuert.

Nach Passieren der Einfahrt liegt an Backbord der alte, öffentliche Hafen *Porto Communale* und an Steuerbord der neue Yachthafen *Porto Sole*. Bei der Einsteuerung sollte man mindestens 25 m Abstand vom Kopf der

Südmole halten, da sie sich unter Wasser noch fortsetzt. Im Porto Communale liegen Segel- und Motoryachten, Fischkutter, Ausflugs- und kleine Frachtschiffe; einen freien Platz findet man hier selten. Der Porto Sole mit seinen 800 Liegeplätzen ist speziell auf die Bedürfnisse der Sportschiffahrt zugeschnitten und wie eine moderne Marina ausgestattet.

Von den zahlreichen Restaurants in San Remo sind „Gambero Rosso" (ligurische Küche; sehr teuer), „Giannino" (Fischgerichte) und „Pesce d'Oro" (Fisch- und Nudelgerichte) besonders zu empfehlen.

Arma di Taggia

Das hübsche Seebad bietet Liegemöglichkeiten auf 1,50 m Wassertiefe an den befestigten Ufern der Mündung des Flusses Argentina bis hin zu der Eisenbahnbrücke sowie in einem 2 m tiefen Hafenbecken einlaufend an Backbord.

Arma di Taggia

Arma di Taggia wird überwiegend von Stammgästen aufgesucht, die die gemütliche Ungezwungenheit dieses hübschen Seebades schätzen. 3 km landeinwärts liegt im Argentina-Tal das Städtchen Taggia, das sich seinen mittelalterlichen Charakter bewahrt hat und einige schöne Renaissance- und Barockgebäude aufweist. Bemerkenswert ist auch die im Jahre 1450 erbaute, 300 m lange Brücke, die mit 16 Bögen den Fluß überspannt.

Vor einer Kulisse aus Hochhäusern liegt der kleine, versandete Privathafen **San Lorenzo al Mare**, der zu dieser Wohnanlage gehört. Für Gäste sind keine Plätze vorgesehen.

Imperia

Bis in die 20er Jahre waren die beiden Ortschaften *Porto Maurizio* und *Oneglia* selbständige Gemeinden, getrennt durch die Mündung des Flusses Impero.

Seekarten:

D 502
BA 157
I 1
F 695 und 7017
CG 500

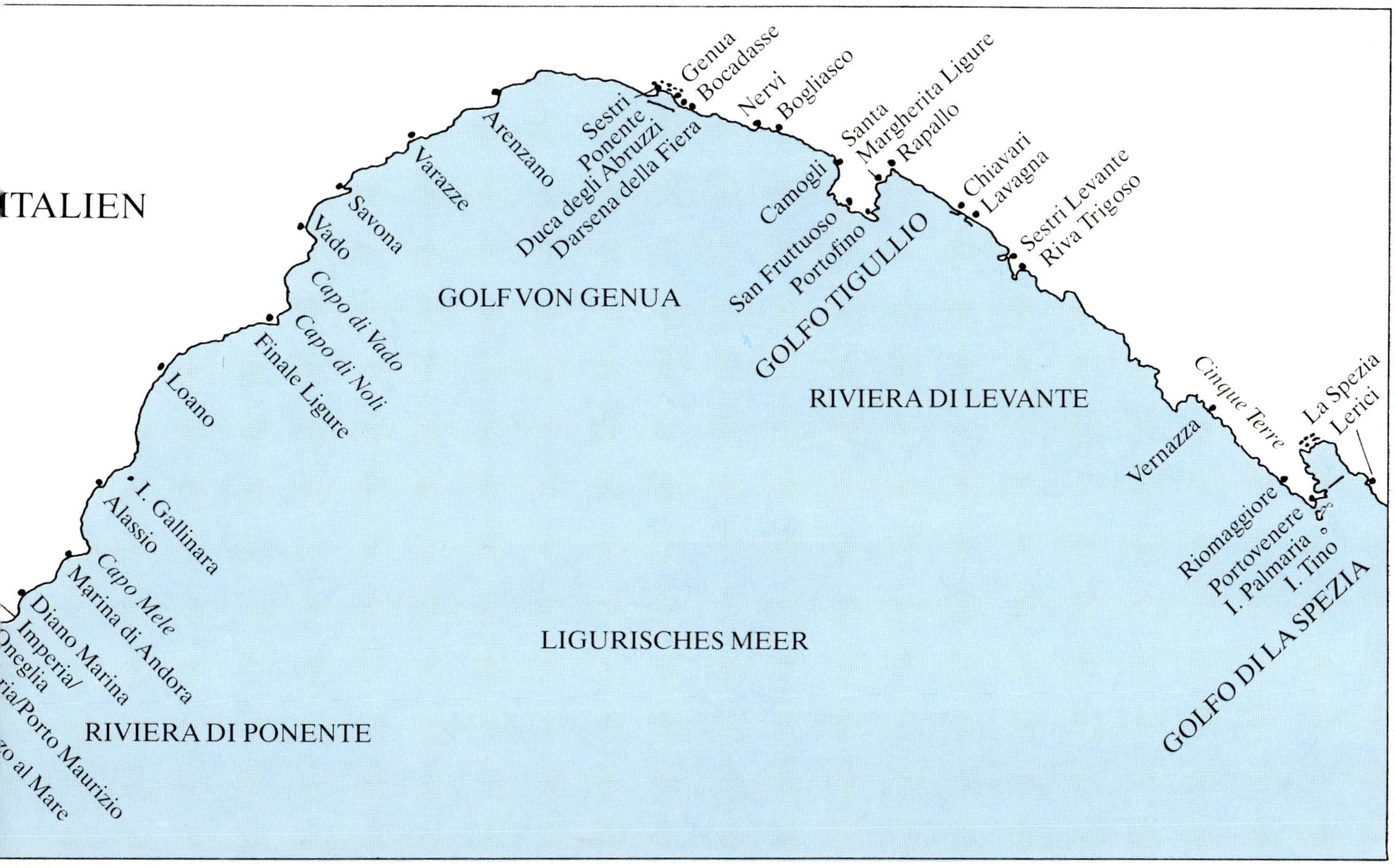

Heute bilden sie eine lebendige Industriestadt, in der in erster Linie Nudeln hergestellt und Oliven verarbeitet werden. Ganz in der Nähe gibt es ein sehenswertes Nudelmuseum.

Die Altstadt von Porto Maurizio, das unter dem Namen Communitas Portus Maurici schon zur Zeit der Römer eine blühende Hafenstadt war, ergießt sich förmlich von der Basilika *San Maurizio* hinunter zum Meer. Die Basilika stammt aus dem Anfang des 19. Jahrhunderts und ist eine der größten Kirchen Liguriens.

Imperia – Blick auf den Hafen von Porto Maurizio

Auch Oneglia war schon von Römern besiedelt (Castrum Uneliae). Zeitweise war der Ort im Besitz der Genueser Familie Doria; hier wurde 1468 der spätere Admiral Andrea Doria geboren. Die Altstadt mit ihrem hektischen Verkehr und Betrieb, aber auch wunderschönen Arkaden hat eine typische und unverfälschte ligurische Atmosphäre. Porto Maurizio und Oneglia sind durch eine palmenbestandene Promenade miteinander verbunden.

Imperia – Porto Maurizio

Der zu Füßen der Altstadt von Porto Maurizio gelegene Hafen bietet in seiner südwestlichen Ecke etwa 160 Yachten bis 2 m Tiefgang sichere und bequeme Liegeplätze. Im Sommer wird an der großen Südmole ein Steg ausgebracht, an dem etwa 50 Yachten Platz finden. Der nördliche Kai ist der Berufsschiffahrt und den Fischtrawlern vorbehalten. Über der Steinschüttung an der Innenseite der Ostmole befinden sich waghalsige Stahlkonstruktionen, vor denen weitere Yachten liegen.

Die Ansteuerung wird durch die fast 1 km ins Meer hinausgebaute Südmole erleichtert. Die Kirche und die Altstadt am Hang sind schon von weitem gut auszumachen. Der Kopf der Außenmole trägt ein weittragendes Leuchtfeuer.

Der Kai und die Promenade um den Hafen sind abends voller Leben. Hier liegen auch mehrere gute Restaurants. Besonders zu empfehlen sind „Lanterna Blú“ wegen seiner Fischgerichte und „Nannina“, dessen gute ligurische Küche bekannt ist (beide nicht ganz billig).

Imperia – Oneglia

Der Hafen von Oneglia ist ausschließlich für die Bedürfnisse der Berufsschiffahrt konzipiert; dementsprechend hoch sind Kais und Molen. Yachten finden an dem östlichen Kai zwischen den Fischerbooten Liegeplätze vor Buganker, Heck zum Kai. Ein Trinkwasserhahn ist am Kai.

Die Ansteuerung des neben der Mündung des Flusses Impero gelegenen Hafens bereitet keinerlei Schwierigkeiten; die Molenköpfe sind befeuert.

Diano Marina

Der vor einem wunderschön bewaldeten Hinterland gelegene Ort verdankt seinen Namen dem von den Römern zu Ehren der Jagdgöttin Diana errichteten Tempel. Man sieht Diano Marina heute nicht mehr an, daß es bei dem schweren Erdbeben von 1887 total zerstört wurde. Heute ist es ein beliebter Badeort mit einem feinen Sandstrand, an dem die 1 km lange, von Pinien gesäumte Allee *Passegiata a Mare* entlangführt. Die gastfreundliche Stadt ist vollkommen auf Fremdenverkehr eingestellt; man trifft hier auffallend viele deutsche Urlauber.

In dem kleinen Yachthafen finden etwa 100 Boote bis 1,50 m Tiefgang Platz; größere ankern in der Nähe des Hafens. Am Kai gibt es einen Wasseranschluß, Reparaturmöglichkeiten sind nicht gegeben.

Von den zahlreichen Restaurants ist das „Pesce d'Oro“ besonders zu empfehlen. Es gibt hier auch ein deutsches Café: „Bei Klaus“.

Marina di Andora

Ein hübsches, kleines Seebad an der weiten Bucht zwischen *Capo Cervo* im Südwesten und *Capo Mele* im Nordosten. Der alte, von den Ruinen des mittelalterlichen Kastells überragte Ort Andora selbst liegt einige Kilometer landeinwärts, inmitten eines weiten, landwirtschaftlich genutzten Gebietes. In der romanischen, dreischiffigen Basilika Andoras finden während der Sommermonate nächtliche Konzerte bei Kerzenbeleuchtung statt.

Der Yachthafen bietet etwa 400 Booten bis 15 m Länge und 4 m Tiefgang Liegemöglichkeiten. An den Stegen können nur Yachten bis 2 m Tiefgang festmachen, größere legen an der Innenseite der Außenmole an. An den Stegen gibt es Wasseranschlüsse, an der Außenmole einige Wasserhähne. Die Ansteuerung der nach Osten offenen Einfahrt bereitet außer bei starken südlichen Winden keinerlei Schwierigkeiten; der Kopf der Südmole ist befeuert.

Der Yachthafen soll zu einer modernen Marina mit 1152 Liegeplätzen ausgebaut werden.

Leuchtturm am Capo Mele

Nordöstlich von Marina di Andora beherrscht das *Capo Mele* mit seinem in 90 m Höhe stehenden Leuchtturm und dem Gebäude des Semaphors die Küste. Die Wetterdaten des Semaphors sind fester Bestandteil der italienischen Seewetterberichte.

Alassio

Abgeschirmt von den Ausläufern der Seealpen, erstreckt sich das weltbekannte Seebad weithin an der leicht geschwungenen Bucht zwischen dem *Capo Mele* und dem *Capo San Croce.* Vor dem Ersten Weltkrieg noch ein kleiner Fischerort mit intimen Plätzchen und verwinkelten Gassen, hat Alassio sich inzwischen zu einem eleganten Zentrum des Fremdenverkehrs entwickelt, dem ein Hauch des Mondänen anhaftet. Die Stadt zehrt immer noch von dem Ruhm derer, die sich hier nicht nur in ihrem Ruhm sonnten: An der kleinen Mauer vor dem berühmten „Cafe Roma" sind auf Majolikatäfelchen die Grüße solch bekannter Besucher wie Sir Winston Churchill und Sophia Loren verewigt.

Der wie eine moderne Marina ausgestattete Yachthafen von Alassio liegt am nördlichen Stadtrand am Capo San Croce, auf dem eine kleine Kapelle steht. Die Ansteuerung der nach Norden offenen, 100 m breiten Einfahrt ist außer bei starkem Ostwind problemlos; die Molenköpfe sind befeuert. Vom Kopf des äußeren Wellenbrechers sollte man mindestens 50 m Abstand halten, da die Steinschüttung sich unter Wasser noch ein Stückchen nach Norden fortsetzt.

Der Hafen hat etwa 200 Liegeplätze. Für Gastyachten sind freilich nur die ersten Meter an der Außenmole vorgesehen.

Von den Restaurants in Alassio sind das „La Palma" und das „Tre Mori" besonders zu empfehlen. In der ersten Septemberwoche findet die „Festa dell'Uva", das große Fest der Weinlese, statt. Ebenfalls im September wird ein internationales Jazzfestival veranstaltet.

2 sm nordöstlich von Alassio liegt etwa 0,5 sm vor der Felsenküste die Insel **Gallinara**. Das grün bewachsene Felseneiland befindet sich in Privatbesitz, unterliegt jedoch der staatlichen Naturaufsicht. Die Insel darf nicht ohne Erlaubnis betreten werden; ebenso ist das Anlaufen des kleinen Hafens an der Nordostseite, außer in Notfällen, nicht erlaubt. Auf der Insel stehen die Überreste einer mittelalterlichen Abtei. In den Sommermonaten werden von Alassio und Albenga aus regelmäßig Besichtigungsfahrten nach Gallinara organisiert.

Loano

Dattelpalmen, Magnolien, Oleander und Eukalyptus prägen das Bild dieses beliebten Seebades mit einer reizvollen Altstadt, in die man von der palmengesäumten Uferpromenade über die *Via Stella* und durch die *Porta dell'Orlogo*, das Uhrentor, gelangt.

Die fruchtbaren Ebenen um Loano wurden von Karl dem Großen dem Benediktinerorden als Lehen gegeben und später von den Bischöfen in Albenga den Genuesen überlassen. Die genuesische Familie Doria herrschte hier. An der Piazza d'Italia erhebt sich der im 16. Jahrhundert erbaute *Palazzo Doria*, heute das Rathaus der Stadt. In seinem Inneren kann man einen Mosaikfußboden sehen, der aus einer römischen Villa des 3. Jahrhunderts stammt.

Der Yachthafen verfügt über 430 Liegeplätze für Yachten bis 2,50 m Tiefgang. Gastliegeplätze befinden sich im vorderen Bereich der Außenmole einlaufend an Backbord. Der Hafen soll bis auf 1000 Plätze erweitert werden.

Bei der Ansteuerung ist die grüne Leuchttonne, die eine 1-m-Flachstelle markiert, unbedingt an Steuerbord zu lassen. Ansonsten gelangt man problemlos in den Hafen, außer bei starken östlichen Winden. Die Molenköpfe sind befeuert. Eine gute Landmarke ist die weithin sichtbare Kuppel der Kirche *Monte Carmelo*, die wie das gleichnamige Kloster am Hang hinter der Stadt liegt. In der Kirche befinden sich die Grabstätten der Familie Doria.

Nur die Liegeplätze an der Innenseite der Ostmole, die für große Yachten reserviert sind, verfügen über Strom- und Wasseranschlüsse; im übrigen gibt es Wasserhähne an mehreren Stellen der Kais und der Außenmole.

Von den Restaurants verdient das „La Lucciola" am Corso Roma besondere Erwähnung (Spezialitäten: Weinbergschnecken, Schafskäse und eine hervorragende *Cima ripiena*). Im Juli findet die „Sagra del Crostolo" statt, eine große Pfannkuchenkirmes.

Finale Ligure

ist durch den Zusammenschluß von vier ehemaligen Gemeinden entstanden: *Finale Marina*, das heutige Zentrum mit dem Yachthafen, *Finale Pia* mit zahlreichen Hotels und Pensionen, *Finalborgo* mit der mittelalterlichen Zitadelle und *Varigotti.*

Der Name Finale Ligure deutet auf die ehemalige Grenze zwischen Albenga und Savona hin. Die palmenbestandene Strandpromenade, die die Ortsteile Finale Pia und Finale Marina miteinander verbindet, gehört zu den schönsten Europas. Sie endet in Finale Marina in der *Piazza Vittorio Emanuele II* mit einem großen Triumpfbogen, der 1666 zu Ehren der spanischen Infantin Margarete errichtet worden ist, die auf ihrem Weg nach Wien zur Hochzeit mit Kaiser Leopold I. hier durchreiste. Heute zählt Finale Ligure zu den klassischen Reisezielen deutscher Italien-Urlauber.

Der neue, wie eine moderne Marina ausgestattete Yachthafen unterhalb der

Punta San Donato bietet über 600 Yachten Platz. Gäste machen an den ersten 50 m der Außenmole fest. Die Ansteuerung der 80 m breiten, nach Nordosten offenen Einfahrt bereitet keine Schwierigkeiten: Die von einem Turm überragte *Punta San Donato* ist als vorspringende Felsnase gut auszumachen; etwa 1 sm nordwestlich des Hafens liegt in 170 m Höhe das weithin sichtbare Schloß *Gavone*. Nachts ist der Kopf der Außenmole befeuert.

Die ruhige Lage des Yachthafens und seine familiäre Atmosphäre machen ihn zu einem beliebten Anlaufpunkt an der Riviera dei Fiori.

Dicht nördlich von *Capo di Noli* mit seinem in 280 m Höhe stehenden, weithin sichtbaren Semaphor liegt die kleine Ortschaft **Noli**, vor deren Strand man bei ruhigem Wetter im Sommer ankern kann. Hinter dem Strand, unterhalb des Monte Orsini mit seinem Kastell, liegt die noch recht intakte Altstadt, deren Geschichte bis in vorrömische Zeit zurückreicht. Kaum vorstellbar, daß dies einst ein mächtiger Stadtstaat und eine bekannte Seerepublik war. Die Stadt war von einer Mauer umgeben, die bis hinauf zu dem Kastell reichte. Von den ehemals 72 Türmen ist nur noch der eine oder andere als Stumpf erhalten.

Sehenswert sind der Stadtturm des Rathauses mit der gotischen *Loggia della Repubblica* sowie die alten Adelshäuser in den engen Gassen mit den bemerkenswerten Bogen, die die Häuser gegeneinander abstützen. Das Ei im Wappen von Noli geht darauf zurück, daß die dortigen Mönche einst das Recht besaßen, Eier von der Hühnerinsel Gallinara zu holen und zu verkaufen.

Am *Capo di Vado* war 1986 ein Handelshafen im Bau; Yachtliegeplätze sind hier nicht vorgesehen. Wie überhaupt die gesamte *Rada di Vado* mit ihren Anlegebrücken für die Großschiffahrt keine für Yachten interessanten Liegemöglichkeiten bietet.

Savona

Die betriebsame Handels- und Industriestadt hatte schon in römischer Zeit einen wichtigen Hafen; heute ist es der fünftgrößte Italiens. Seit dem ausgehenden Mittelalter lag Savona ständig mit dem nur 54 km entfernten Genua in kriegerischen Auseinandersetzungen, bis die Genuesen die Stadt 1528 endgültig unterwarfen. Aus dieser Zeit stammt das genuesische Fort. Hinter modernen Bürohochhäusern, Eisenwerken, Fabriken, Verladeeinrichtungen, Werftanlagen und Frachtschiffen versteckt sich die von der Renaissance geprägte Altstadt von Savona mit bemerkenswerten Bauten und Kunstschätzen.

Einfahrt nach Savona

Der Hafen bietet Yachten in der *Darsena Vecchia*, dem Alten Hafen im Herzen der Stadt, ruhige Liegeplätze fernab vom Betrieb des Handelshafens. Sportboote machen am östlichen Kai oder an den Stegen davor fest. Der südliche Teil sowie der westliche Kai werden von Fischern beansprucht. Weitere Liegeplätze findet man in dem Yachthafen *Miramar* der Lega Navale Italiana an der Westseite des Hafens, vor der Zufahrt zum Alten Hafen.

Besonderen Komfort bieten beide Häfen nicht, dafür aber hat man eine geschäftige Stadt mit zahlreichen Einkaufsmöglichkeiten, Restaurants und Cafés um sich.

Da der Hafen auf die Bedürfnisse der Großschiffahrt zugeschnitten ist, bereitet die Ansteuerung ungeachtet der Wind- und Wetterverhältnisse keinerlei Probleme.

Varazze

Das an einer langen Bucht gelegene Varazze gehört schon zum Naherholungsgebiet der Stadt Genua – an den Wochenenden strömen die Genuesen zu Tausenden hierher. Varazze ist eine schöne, alte ligurische Ansiedlung mit einem kleinen Yacht- und Fischerhafen. In dieser Stadt wurde Lanzerotto Malucello geboren, der um 1312 die Kanarischen Inseln entdeckte – der Name der Kanareninsel Lanzarote leitet sich von ihm ab.

Ein Bummel durch die pittoreske Altstadt führt, vorbei an Resten der alten Stadtmauer, zu der oft umgebauten Kirche *Sant'Ambrogio* mit ihrem schönen romanisch-lombardischen Kampanile. Die kulturelle Ausstrahlung des nahen Genua macht sich in sommerlichen Kunstausstellungen und Kammermusikabenden deutlich bemerkbar.

Der gemütliche Yacht- und Fischerhafen bietet etwa 350 Yachten sichere und bequeme Liegeplätze, von denen die meisten freilich an Dauerlieger vergeben sind. Die Ansteuerung der nach Norden offenen Einfahrt ist problemlos, jedoch sollte man vom äußeren Wellenbrecher mindestens 50 m Abstand halten, denn an der Innenseite des Molenkopfes ragt eine Sandbank weit in die Einfahrt hinein. Die Bank ist mit zwei nachts befeuerten Tonnen markiert. Auch die Molenköpfe sind befeuert.

Von den Restaurants rings um den Hafen ist das „Cavetto" wegen seiner hervorragenden Fischgerichte und ligurischen Küche besonders zu empfehlen. Nördlich des Hafens liegt die Yachtwerft Baglietto, die für ihre qualitativ hochwertigen und luxuriösen Motoryachten bekannt ist. Zwischen dem Hafen und der Yachtwerft soll eine Marina gebaut werden.

Arenzano

Der beliebte Badeort etwa auf der Mitte zwischen Savona und Genua gehört zum Naherholungsgebiet von Genau; dementsprechend turbulent geht es hier an den Wochenenden zu. Der hübsche Ort liegt inmitten von Pinienwäldern und Palmen.

In seinem Yachthafen gibt es etwa 200 Liegeplätze. Er liegt unmittelbar nördlich des 80 m steil aus dem Meer aufsteigenden *Capo Arenzano*, das ihn vor südwestlichen Winden schützt. Bei der Ansteuerung halte man mindestens 50 m Abstand vom Kopf der nördlichen Außenmole. Die vorgelagerten Klippen sind mit einer roten Boje markiert, die an Backbord gelassen wird. Ansonsten bereitet die Ansteuerung der etwa 80 m breiten, nach Norden offenen Einfahrt keine Schwierigkeiten; die Molenköpfe sind befeuert.

Die Liegeplätze an den Stegen sind fast alle ganzjährig vermietet. Gastyachten machen an den Außenmolen vor Buganker, Heck zur Mole, fest. An verschiedenen Stellen des Kais und der Außenmolen befinden sich Wasseranschlüsse; ansonsten ist die technische Ausstattung des Hafens eher bescheiden.

Genua

„La Superba" (die Stolze) wurde Genua zu einer Zeit genannt, als die Stadt noch eine mächtige Seerepublik war. Ihre vornehmen Stadtviertel machen noch heute einen stolzen, reichen, strengen, ja, abweisenden Eindruck. Das wird noch unterstrichen durch die Architektur der prachtvollen genuesischen Paläste, die so aussehen, als sollte von hier aus die Welt regiert werden.

Von der Mündung des Flusses Bisagno steigt die Stadt im Halbkreis an den Berghängen des Apennin empor. Die modernen Geschäftsstraßen mit ihrem lebhaften Verkehr in dem neuen Wohnviertel am Meer

Genua – alte Paläste und moderne Hochhäuser

sind der krasse Gegensatz zu den engen, steilen Gäßchen der um das Hafenbecken liegenden Altstadt. Hier spürt man noch das Flair der typisch italienischen Hafenstadt, obwohl die Ausdehnung des Hafens und seiner technischen Anlagen gigantische Ausmaße erreicht hat.

Wo heute in einem rund 500 ha umfassenden Hafengebiet jährlich mehr als 10000 Schiffe abgefertigt und 32 Millionen Tonnen Waren umgeschlagen werden, trieben schon die Ligurer, Phöniker, Etrusker und Griechen Handel. Unter dem Namen Antium war Genua einst Hauptort der Ligurer; 222 v. Chr. schloß es mit den Römern ein Handelsbündnis und wurde 205 v. Chr. von den Karthagern zerstört. Die Römer bauten die Stadt wieder auf, und der Hafen erlangte wieder große Bedeutung.

Im Jahre 934 wurde die Stadt bei einer Brandschatzung durch die Mauren erneut zerstört. Genua erholte sich jedoch rasch und errang bei den Kreuzzügen reiche Besitzungen in Kleinasien, Griechenland und Nordafrika. Ebenso gehörten Elba, Sardinien und Korsika lange Zeit zu Genua.

1284 konnte Genua seinen Hauptgegner Pisa in der Seeschlacht bei Meloria vernichtend schlagen. Von nun an beherrschte es für viele Jahrhunderte das westliche Mittelmeer.

Mit der Gründung der „Bank vom Heiligen Georg" im Jahre 1407 begann für Genua die Zeit der Regentschaft des Geldes. Die bereits nach modernen Gesichtspunkten organisierte Bank führte bedeutende Neuerungen im Bankwesen ein, schuf noch heute gültige Formen des Kreditwesens und prägte die Banksprache mit Begriffen wie Giro, Disagio, Blanko und Konto. Die Bank verfügte über ein eigenes Heer und eine eigene Kriegsflotte. Sie verwaltete lange Zeit die Insel Elba und 200 Jahre lang die Insel Korsika.

Mit der Entdeckung Amerikas verlor Genua als Hafenstadt an Bedeutung, die es erst im vorigen Jahrhundert mit der Gründung des geeinten Königreiches Italien zurückgewinnen konnte.

Heute ist Genua, das sich fast 30 km an der Küste entlangzieht, ein wichtiges Industrie- und Handelszentrum, mit dem größten Hafen Italiens, der nach Marseille der bedeutendste im Mittelmeerraum ist. Die Stadt bietet dem Besucher eine Vielzahl von Sehenswürdigkeiten und ein reiches Angebot an kulturellen Veranstaltungen.

Gemessen an der Größe des Hafens gibt es für Yachten nur recht bescheidene Liegemöglichkeiten.

Genua-Sestri

Die große Baustelle für die westliche Erweiterung des Hafens ist nicht zu übersehen. Zwischen dieser Baustelle und dem Alten Hafen, an der Start- und Landebahn des Flughafens, liegt die Einfahrt in den Hafen Sestri, wobei vom westlichen Ende der Landebahn 500 m Abstand eingehalten werden müssen. In Sestri befinden sich die Steganlagen des größten italienischen Wassersportclubs, der Lega Navale Italiana, sowie die Stege von drei Werftbetrieben. Die Liegeplätze an den Werftstegen eignen sich für Yachten bis 25 m Länge und sind mit Wasseranschlüssen ausgestattet. Die werfteigenen sanitären Anlagen dürfen mitbenutzt werden. Bei der Lega Navale sind Duschen und Toiletten im Ge-

Seekarten:

D 502 und 514
BA 157
I 2

Genua – La Lanterna

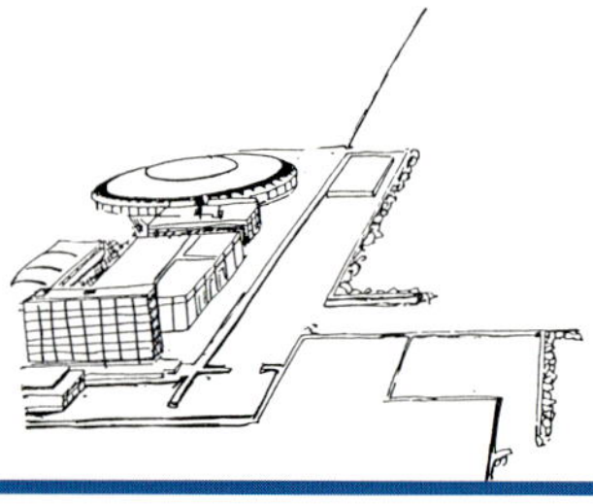

Genua – Darsena della Fiera

bäude des Yachtclubs untergebracht.

Genua – Duca degli Abruzzi

Hier befinden sich die Liegeplätze des renommierten Yacht-Clubs Italiano, der für Gastyachten stets einige Plätze freihält. Besucher machen zunächst vor dem Gebäude des Yachtclubs fest, einem kleinen, komfortabel eingerichteten Palast, um sich einen Liegeplatz zuweisen zu lassen.

Die Anlagen erreicht man über die Osteinfahrt, die Zufahrt zum *Porto Vecchio*, in dem die großen Passagier- und die Fährschiffe anlegen. Die Einfahrt liegt etwa 1,8 sm südöstlich des 76 m hohen Leuchtturms *La Lanterna*, der den Hafen von Genua beherrscht. Bei Nacht weisen zahlreiche Feuer den Weg zu den Liegeplätzen. Im Hafen herrscht Rechtsfahrgebot!

Die Liegeplätze des Y. C. I. sind recht komfortabel und liegen nahezu im Zentrum der Stadt. Von hier aus kann man die meisten Sehenswürdigkeiten bequem zu Fuß erreichen. Der Y.C.I. verfügt über eigene Reparatureinrichtungen nebst Fachpersonal.

Genua – Darsena della Fiera

Der kleine Yachthafen am Messegelände liegt in unmittelbarer Nähe der Osteinfahrt. Hier werden während der alljährlich im Herbst stattfindenden Internationalen Bootsausstellung die neuesten Exponate italienischer Yachtwerften präsentiert.

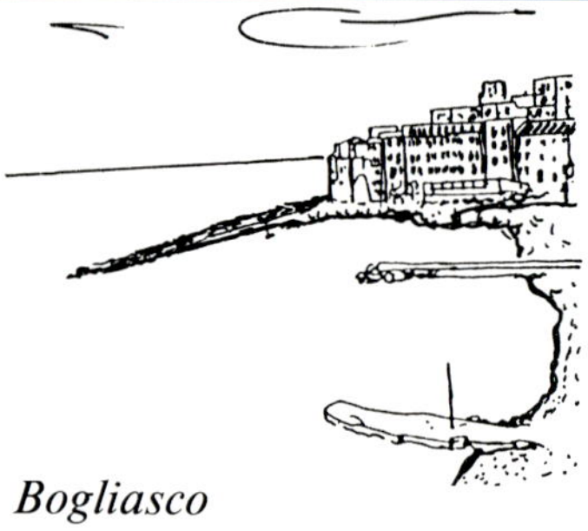

Bogliasco

Genua – Bocadasse

Der malerische, kleine Fischerhafen östlich des großen Hafens kann nur von flachgehenden Booten angelaufen werden. Über eine breite Slipbahn ziehen die Fischer ihre Boote an Land.

Östlich von Genua beginnt die *Riviera di Levante* – die Küste der aufgehenden Sonne.

Nervi

Kaum 10 km südöstlich von Genua liegt der Ort, der als das älteste Riviera-Seebad gilt. Eingebettet in eine üppige Vegetation, hat er sich seine Romantik bewahren können, die in den 60er Jahren des vorigen Jahrhunderts die ersten Überwinterer hierher lockte. Prächtige Villen, Gärten und Parks bestimmen auch heute noch das Stadtbild.

Der kleine Fischer- und Yachthafen bietet nur wenigen Yachten bis 1,30 m Tiefgang Liegemöglichkeiten.

Bogliasco

Vor dem Strand des kleinen Seebades zieht sich eine Mole hin, hinter der einige Sportboote bis 1 m Tiefgang anlegen können. Größere ankern vor der Mole. Zu besichtigen gibt es hier einen mittelalterlichen Verteidigungsturm. Bogliasco liegt inmitten üppiger Olivenhaine und Weingärten.

Camogli

In dem alten Seefahrerstädtchen am *Golfo Paradiso* wird in dem *Istituto Nautico Cristoforo Colombo* noch heute der nautische Nachwuchs für die italienische Marine ausgebildet. Der Ort hat eine lange Seefahrertradition: Während der Blütezeit der Seerepublik Genua stellte Camogli zahlreiche Kapitäne und Mannschaften, die im Auftrage Genuas die Weltmeere befuhren. Noch Anfang des vorigen Jahrhunderts besaß die Stadt eine große Flotte, die ihr den Beinamen „Stadt der tausend Segel“ eingebracht hat. 1830/31 wurde ihre Flotte für die Eroberung Algeriens von den Franzosen angeheuert.

Vielgeschossige, bis zu 200 Jahre alte Häuser drängen sich um den Hafen, dessen Mole aus dem 17. Jahrhundert stammt. Moderne Villen und Gärten haben sich an den Hängen oberhalb der Stadt breitgemacht. Wie zu Zeiten der Segelschiffahrt ist auch heute das Gebiet um den Hafen das Zentrum des Ortes. Beherrscht wird der Hafen von der mächtigen Pfarrkirche *Santa Maria Assunta* aus dem 11. Jahrhundert.

Das innere Hafenbecken ist fast vollständig von Fischerbooten, einheimischen Yachten und Ausflugsbooten belegt. Gastyachten finden bestenfalls am vorderen Teil der Außenmole einen Liegeplatz.

Der Hafen sollte nur bei ruhigem Wetter angesteuert werden; bei auflandigem Wind steht ein gefährlicher Schwell in die nach Nordwesten offene Einfahrt. Das *Castello Dragone* und die Kirche *Santa Maria Assunta* sind schon von weitem auszumachen. Nachts ist die Hafeneinfahrt befeuert.

In dem mittelalterlichen *Castello Dragone* am Hafen kann man in 23 Aquarien die gesamte Fauna des Tyrrhenischen Meeres bewundern.

Am zweiten Sonntag im Mai findet das große Fischerfest „Sagra del Pesce“ statt. In einer Riesenpfanne werden am Strand Unmengen Fisch gebraten und kostenlos verteilt. Das Fest zieht Gäste aus der gesamten Umgebung und inzwischen auch zahlreiche Touristen an.

Am ersten Augustsonntag feiern die Bewohner von Camogli das Fest der „Madonna Stella Maris“, wobei abends 20000 schwimmende Lichter zu Ehren der Madonna im Meer ausgesetzt werden.

Tief in die Südwestflanke des *Promontorio di Portofino* eingeschnitten ist eine der malerischsten Buchten der Riviera. Vor dem Grün des Waldes, das bis an die Klippen heranreicht, steht die im Jahre 984 gegründete Benediktinerabtei *San Fruttuoso.* An die vor einigen Jahren restaurierte romanisch-lombardische Kirche schließt sich ein Kreuzgang mit Grabmälern der Familie Doria an. Bei ruhiger See sieht man tief unter dem Wasserspiegel der Bucht eine Christusstatue, zu deren Ehren am 28. August ein großes Treffen und Fest der Freunde des Tauchsports stattfindet. Auf den Meeresgrund gelangte die Statue anläßlich eines Seebebens im Jahre 1915, das das Aussehen der Küste völlig verändert hat. Bis dahin hatte die Abtei noch in tiefem Wasser gestanden.

Die Bucht ist nur auf dem Seewege oder über einen schmalen Maultierpfad zu erreichen. An dem kleinen Kai am Westufer machen die Ausflugsboote fest – im Sommer herrscht hier reger Verkehr. Yachten können im Zentrum der Bucht auf 3 bis 6 m Wassertiefe ankern.

Portofino

Portofino, kleiner Hafen,
da wir uns im Frühling trafen.
Da geheim wie eine Mythe
unverhofft ein Glück
erblühte.
(Christian Morgenstern)

An dieser bezaubernden, rechtwinkligen Bucht ließ die Natur nicht mit sich handeln; hier ist nur Platz für den Rahmen hoher, bunter Häuser, nicht für Straßen und Promenaden. Hier müssen die Autos draußen bleiben; Yachten aller Größen beherrschen das Bild. Portofino strahlt in Farben und Formen etwas Traumhaftes, Unwirkliches aus – gerade so, als habe es unversehrt Form, Tradition und einheimisches Leben in unsere Zeit herübergerettet.

Diese Postkartenidylle trügt jedoch: Hinter den Fassaden trifft sich der internationale Jet-set. Es gibt nur wenige Hotels und Pensionen, und da es zum Traum der feinen Welt gehört, hier Urlaub zu machen, sind auch die Preise entsprechend traumhaft, in den Hotels, den Boutiquen, Restaurants, Cafés.

Schon für die Römer war Portofino ein strategisch wichtiger Hafen – die hier eingerichteten Garnisonen trugen den Namen „Portus Delphini“. Nach den Sarazenenüberfällen im Mittelalter wurde das kleine Seestädtchen stark befestigt, wovon noch heute die Türme und Kastelle um die Stadt Zeugnis ablegen. Gegen Ende des 18. Jahrhunderts waren es die Engländer, die, wie viele andere Orte des Mittelmeeres, Portofino für den Tourismus entdeckten, allen voran der damalige Konsul Ihrer Majestät, Sir Yeats Brown, der das Kastell über der Stadt erwarb und zu seinem ständigen Wohnsitz machte. Aber

Seekarten:

D 502 und 514
BA 157
I 2 und 107

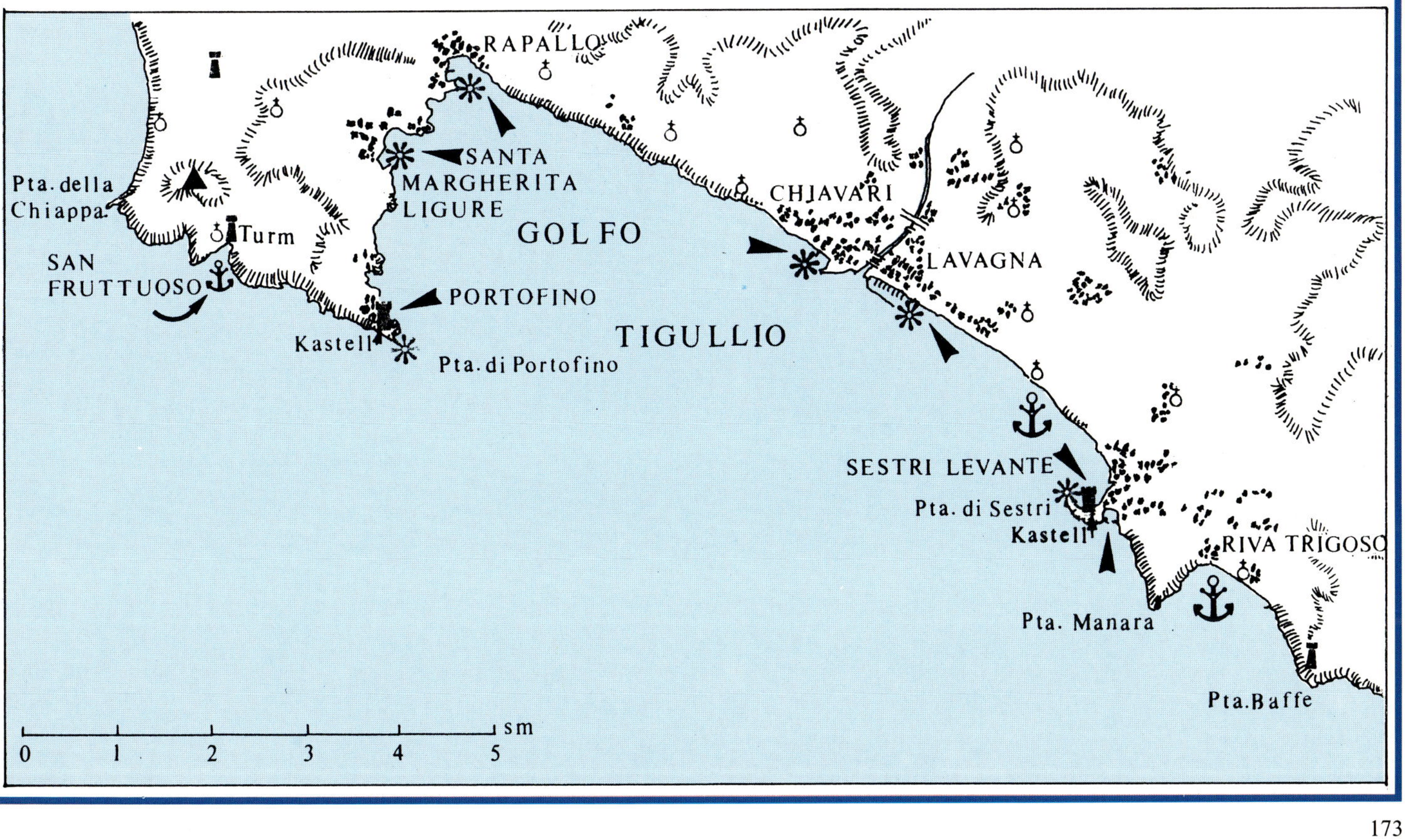

1

1 *Genua/Duca degli Abruzzi mit den Liegeplätzen des renommierten Yacht-Clubs Italiano, dessen Domizil der kleine Palast am Hafen ist*

2 *Genua/Sestri-Ponente. Inmitten großer Werftbetriebe liegen die Steganlagen der Lega Navale Italiana*

3 *Genua/Bocadasse, ein malerischer, kleiner Fischerhafen östlich des großen Hafens von Genua*

1

2

1 *Nervi, heute schon fast ein Vorort von Genua, gilt als ältestes Seebad an der italienischen Riviera. Der kleine Hafen bietet nur wenigen flachgehenden Booten Platz*

2 *Die Benediktinerabtei San Fruttuoso liegt in einer der malerischsten Buchten der Riviera. An dem kleinen Kai (im Bild links) legen regelmäßig Ausflugsboote an, die Tagesausflügler hierher bringen. Vor dem Strand steht tief unter dem Wasserspiegel eine Christusstatue, zu der alljährlich am 28. August bei einem großen Fest zahlreiche Taucher hinabtauchen*

3 *Camogli, die alte Seefahrerstadt am Golfo Paradiso, hat eine lange maritime Tradition. Der romantische Hafen bietet Gästen nur wenige Liegemöglichkeiten im Vorhafen an der Innenseite der Außenmole*

1

2

3

4

1 und **4** *Portofino, malerisches Seebad in einer zauberhaften Bucht des Golfo Tigullio. Der kleine Hafen wird alljährlich von über 2500 Yachten angelaufen*

2 *Santa Margherita Ligure, ehemaliges Fischerdorf und heute eines der beliebtesten Seebäder an der Riviera di Levante. Im Hafen ist noch immer eine große Flotte Fischerboote beheimatet*

3 *Rapallo, tief im innersten Winkel des Golfo Tigullio gelegenes, weltbekanntes Seebad, bietet Yachten in den zwei hintereinander liegenden Hafenbecken, dem Porto Touristico und dem Porto Communale, 800 Liegeplätze*

Abendstimmung am Golfo Tigullio. Vorn das vielbesuchte Seebad Chiavari mit seinem Yachthafen, dahinter Lavagna mit einer der größten italienischen Marinas. Im Hintergrund Sestri Levante sowie die Halbinsel Punta di Sestri mit dem Torre Marconi

1

2

1 *Sestri Levante mit der Baia delle Favole, der Märchenbucht (links), und der Baia del Silenzio, der Bucht des Schweigens (rechts). So malerisch der Ort ist, so schwierig ist es für Yachten, einen geeigneten Liegeplatz zu finden. Hinter der Mole, die die Märchenbucht nach Westen abschirmt, macht man zwischen den zahlreichen Fischerbooten im Sommer nur mit viel Glück einen freien Platz aus*

2 *Riomaggiore, die südlichste Ortschaft der Cinque Terre, steigt malerisch aus einer engen Felsenbucht auf. Bei ruhigem Wetter kann man hinter dem kleinen Wellenbrecher ankern*

3 *Vernazza, einziger Ort der Cinque Terre mit einem Hafen. Hinter der Außenmole findet man kommode Liegeplätze*

Der Golf von La Spezia vor dem Hintergrund des Apennin. Vorn das malerische Seebad Portovenere mit seinem gemütlichen Hafen und die 150 m breite Durchfahrt zwischen der Punta San Pietro mit der gleichnamigen Kirche und der Insel Palmaria. Hinter der Insel steht auf einem kleinen Felsen der Torre Scuola mit seinem Leuchtfeuer. Oben links im Bild die mächtige Außenmole, die den inneren Teil des Golfes von La Spezia schützt. In der Bucht vor Palmaria und oberhalb von Portovenere befinden sich Muschelkulturen, erkennbar an der dunkleren Färbung des Wassers

1

2

1 *Der Golf von La Spezia mit der Insel Tino im Vordergrund. Die unbewohnte Insel wird von einem mächtigen Leuchtturm überragt*

2 *Lerici, ein hübscher Hafenort im Ostteil des Golfes von La Spezia, wird von dem Kastell beherrscht, das die Pisaner hier als Grenzfestung gegen die Seerepublik Genua errichteten. Gastyachten machen an der Außenmole fest*

3 *Portovenere, „Hafen der Venus" an der äußeren westlichen Spitze des Golfes von La Spezia, ist eines der Prachtstücke an der ligurischen Küste. Yachten finden an der abgewinkelten Außenmole (unten) Liegemöglichkeiten – die Liegezeit ist jedoch auf fünf Tage begrenzt*

Portofino

Seekarten:

D 502 und 514
BA 157
I 3 und 107

auch bekannte deutsche Namen finden sich in der Gästeliste, wie Kaiser Wilhelm II., Gerhart Hauptmann, Walther Rathenau, Cosima, Richard und Siegfried Wagner.

Der Hafen von Portofino wird alljährlich von über 2500 Yachten angesteuert. Der Kai einlaufend an Steuerbord, vor dem Gebäude der *Delegazione di Spiaggia* (Hafenamt), ist für die Fischer reserviert. Im südlichen Hafenbereich liegen zahlreiche Dauerlieger an Festmachebojen. Der Betonsteg ist den Ausflugsbooten vorbehalten, die Liegeplätze daneben den großen Yachten. Wer keinen freien Platz findet, was im Sommer fast die Regel ist, ankert im Hafenbecken auf 5 bis 10 m Wassertiefe oder nördlich davon in der kleinen Einbuchtung *Seno Canne* auf 3 bis 10 m Wassertiefe.

Außer bei östlichen Winden ist die Ansteuerung von Portofino problemlos. Auf der *Punta Portofino* brennt ein weittragendes Leuchtfeuer; die Landspitze ist an den senkrecht ins Meer abfallenden, kahlen Felswänden gut zu erkennen. Auf der *Punta dell' Coppo* und am gegenüberliegenden Ufer brennen ebenfalls Feuer.

An der Südseite des Hafens gibt es neben dem Gebäude des Yacht-Clubs Italiano einen Wasseranschluß sowie Toiletten und Waschgelegenheit. – Von den Restaurants im Ort sind „La Gritta", „Il Pitosforo" und „Delfino" besonders zu empfehlen.

Ein Aufstieg über Treppenstufen zur Kirche *San Giorgio* mit dem alten Dorffriedhof und zu der gleichnamigen Festung wird mit einem phantastischen Blick auf den *Golfo Tigullio* mit seiner gezackten Küstenlinie belohnt. Manchmal kann man bis hinüber nach Sestri Levante sehen. Das Blau des Meeres, die verschiedenen Grüntöne der Pinien und Oliven, die Vielfalt und Weite der Landschaft – es wundert nicht, daß Portofino und der Golfo Tigullio bei Urlaubern so beliebt sind.

Santa Margherita Ligure

In den 20er Jahren noch Geheimtip unter den europäischen Malern und Schriftstellern, ist aus dem kleinen Fischerort inzwischen ein weltbekanntes und beliebtes Seebad geworden, ohne jedoch seinen Charme eingebüßt zu haben. Hinter der prächtigen, von Palmen gesäumten Promenade prägen Bauten im Stil der Jahrhundertwende das Stadtbild. Darüber thront auf der Höhe die um 1560 errichtete *Villa Durazzo Centurione* mit einem großen italienischen Garten. Etwas abseits vom Strand liegen bezaubernde Gassen und nahe der barokken Basilika *Santa Margherita* palastartige Häuser.

Im Fischer- und Yachthafen von Santa Margherita Ligure ist noch immer eine große Flotte Fischerboote beheimatet. Die Ansteuerung der nach Nordosten offenen Hafeneinfahrt bereitet keine Schwierigkeiten, außer bei starkem auflandigem Wind. Die hohen Häuser am Hafen und die fast weiße Basilika sind schon von weitem gut auszumachen. Der Kopf der etwa 350 m in nordöstliche Richtung verlaufenden Mole ist befeuert.

Für Yachten stehen rund 80 Liegeplätze an der Mole und 200 an den Schwimmstegen zur Verfügung; letztere sind jedoch ausnahmslos an Dauerlieger vergeben. Für Gastyachten sind die ersten 60 m der Mole vorgesehen. Im nordwestlichen Teil des Hafens liegen etwa 400 Boote an Bojen.

Komfort gibt es in Santa Margherita keinen, dafür liegt man an der Mole kostenlos. In der Häuserzeile auf der Mole gibt es ein öffentliches WC. Ferner befinden sich dort das Domizil des Yachtclubs, das *Commando del Porto* (Hafenamt) und ein Schiffszubehörhändler. Täglich von 17 bis 19 Uhr findet Fischmarkt statt. In der „Trattoria dei Pescatori" erhält man hervorragende Fischgerichte. Eine besondere Spezialität in Santa Margherita Ligure sind *pansoti*, mit Gemüse gefüllte Ravioli in Nußsoße.

Rapallo

Das im innersten Winkel des Golfo Tigullio gelegene, weltbekannte Seebad stand in dem Ruf, exklusiv-mondän und diskret zugleich zu sein. Der zunehmende Fremdenverkehr hat daran manches geändert. Nicht nur sind Hochhäuser neben dem Kampanile des Domes gebaut worden; statt der Künstler und reichen Lords, exzentrischer Filmstars und Prinzessinnen, die allesamt nicht in die Klatschspalten der Boulevardpresse kommen wollten, geben heute die reichen Geschäftsleute aus Mailand und Genua den Ton an. Elegante Läden, luxuriöse Restaurants und große Hotels bestimmen das Bild der Stadt.

Rapallo

Weltweit bekannt wurde Rapallo durch den 1920 hier abgeschlossenen Vertrag zwischen Italien und Jugoslawien über die Bildung des Freistaats Fiume sowie den deutsch-sowjetischen Vertrag im Jahre 1922 über gemeinsame diplomatische und wirtschaftliche Beziehungen.

In Rapallo gibt es zwei hintereinander liegende Yachthäfen mit je etwa 400 Liegeplätzen: den 3 bis 7 m tiefen *Porto Touristico*, eine moderne Marina mit dementsprechender Ausstattung für Yachten bis 35 m Länge, sowie den *Porto Communale* für Yachten bis 2,50 m Tiefgang, der vom örtlichen Yachtclub verwaltet wird. Die Ansteuerung bereitet keine Schwierigkeiten. Weithin sichtbar ist das Kastell *Castrum Venagi* am Nordufer der Bucht, an deren Westseite die beiden Häfen liegen. Am Knick der Außenmole des Porto Touristico, dem vorderen Hafen, brennt ein Leuchtfeuer; die Einfahrt in den Porto Communale ist ebenfalls befeuert.

Zu den besten Restaurants in Rapallo gehören das „Ardito" etwas außerhalb der Stadt in San Pietro und das „La Cascinetta".

Außer dem Dom ist die Kirche *San Michele di Pagana* mit einem Werk des flämischen Malers van Dyck sehenswert. Sehr zu empfehlen ist auch eine Fahrt mit der Seilbahn hinauf zur Wallfahrtskirche *Madonna di Montallegro*, die in 612 m Höhe liegt. Vom 1. bis 3. Juli wird alljährlich ein großes Fest zu Ehren der Madonna di Montallegro veranstaltet, mit einem Riesenfeuerwerk.

Chiavari

Vielbesuchtes, rühriges Seebad und wichtiges Handelszentrum am Golfo Tigullio, inmitten einer fruchtbaren Ebene mit vielen Pinien und Olivenbäumen. Die Berghänge des Apennin weichen hier ein bißchen zurück. Die Stadt überrascht durch das modern angelegte, weiträumige Villenviertel ebenso wie durch die spätmittelalterlichen Gassen ihrer regelmäßig angelegten Altstadt mit zahllosen Arkadengängen. Neben dem Tourismus lebt Chiavari von der Landwirtschaft der Umgebung, der Möbelindustrie – hier werden die bekannten „Campanine", Stühle aus Buchenholz und Strohgeflecht, hergestellt –, dem Schiffbau und einer regen Kleinindustrie.

Die Ansteuerung des 2 bis 5 m tiefen Hafens mit seinen etwa 500 Liegeplätzen ist außer bei starkem auflandigem Wind problemlos; die beiden nebeneinander liegenden Ortschaften Chiavari und Lavagna mit jeweils einer großen Hafenmole davor sind schon von weitem gut auszumachen. Die 6 m tiefe Einfahrt ist knapp 50 m breit; zur Landseite hin liegen einige rote Tonnen, die die 5-m-Tiefenlinie markieren und gleichzeitig Absperrung für den Badestrand sind. Die Molenköpfe sind bei Nacht befeuert.

Gäste machen an der Innenseite der Außenmole fest, wo sie drei Tage kostenlos liegen können. Für die Plätze an den Stegen (mit Wasser- und Stromanschlüssen) sind Liegegebühren zu entrichten.

Das Archäologische Museum ist einen Besuch wert, schon allein wegen der Funde aus einer Nekropole der Eisenzeit, die man 1959 im Stadtgebiet von Chiavari entdeckt hat.

Lavagna

Der ehemals bescheidene Hafen der nur durch den Fluß Entella von dem Nachbarort Chiavari getrennten Stadt diente der Ausfuhr des im Hinterland von Lavagna gewonnenen Schiefers (*lavagna* = Schiefertafel). Inzwischen hat sich der Hafen zu einer der größten Marinas Italiens mit etwa 1800 Liegeplätzen entwickelt (eine Erweiterung ist geplant). In dem 2 bis 5 m tiefen Becken können bis zu 50 m lange Yachten anlegen. Für Gäste sind die ersten beiden von Land ausgehenden Stege (einlaufend an Steuerbord) vorgesehen.

Die Ansteuerung der nach Südosten offenen Einfahrt bereitet, außer bei starken auflandigen Winden, keine Schwierigkeiten: Die etwa 1 km lange Außenmole ist schon von weitem auszumachen, die Molenköpfe sind befeuert.

Am 14. August begeht Lavagna das Fest der „Fieschi-Torte", eine Veranstaltung, die auf eine Begebenheit Anfang des 13. Jahrhunderts zurückgeht, als Graf Opizio Fieschi nach siegreicher Heimkehr von einer Schlacht bei seiner Vermählung mit der Gräfin Bianca dei Bianchi eine riesengroße Torte an die Bevölkerung der Stadt verteilte. Heute wird, in historischen Kostümen, der herrschaftliche Hochzeitszug nachvollzogen. Die Braut schneidet die riesige Hochzeitstorte an und verteilt sie kostenlos an die Besucher des Festes.

Sestri Levante

Dank seiner Lage auf dem Isthmus, der die *Punta di Sestri* mit dem Festland verbindet, am südöstlichen Ende des Golfo Tigullio, gehört Sestri Levante zu den malerischsten und anziehendsten Orten an der Riviera di Levante. Die Punta di Sestri springt als hohe Landzunge weit ins Meer vor. Nördlich von ihr dehnt sich die weite *Baia delle Favole* aus, die Märchenbucht, wie der dänische Märchendichter Hans Christian Andersen sie taufte, südlich die fast kreisrunde *Baia del Silenzio*, die Bucht des Schweigens. Von ihrer Stille haben sich nach Petrarca und Goethe auch Richard Wagner und Lord Byron inspirieren lassen.

Sestri Levante geht auf den römischen Hafenort Segestra Tigulliorum zurück und war durch die Via Aurelia mit Rom und Genua verbunden. 1284 besiegte es an der Seite Genuas in der Seeschlacht bei Meloria die Pisaner, 1432 wurde es bei der Seeschlacht zwischen Genua und Venedig schwer beschädigt. Als im 16. und 17. Jahrhundert die Türken und Tunesier das Küstengebiet plünderten und verheerten, blieb auch Sestri Levante nicht verschont.

Die Baumeister von Sestri Levante haben es verstanden, die neuen Bauten, vor allem die dem Tourismus dienenden nahe dem Strand, unauffällig dem alten Stil anzupassen. Obwohl manche alten Palazzi Neubauten weichen mußten, findet man noch immer zahlreiche Paläste aus dem 17. und 18. Jahrhundert. Die Kirche *San Nicolò* wurde nach alten Vorlagen im ursprünglichen Stil restauriert.

So malerisch der Ort ist, so schwierig ist es, hier einen Liegeplatz zu finden. Die Baia delle Favole, die sich nach Norden öffnet, wird nach Westen hin von einer etwa 300 m langen Mole geschützt. Die Ansteuerung bereitet außer bei nordwestlichen bis nördlichen Winden keinerlei Schwierigkeiten: Die vom *Torre Marconi* überragte Halbinsel Punta di Sestri ist schon von weitem auszumachen; der Kopf der Außenmole ist befeuert. Yachten machen an der Innenseite der Außenmole vor Buganker, Heck zur Mole, zwischen den Fischerbooten fest. Im Sommer sind die Plätze freilich meist alle belegt. Im östlichen Teil der Bucht liegen zwischen 400 und 500 Yachten aller Größen an Bojen. An der Außenmole ist ein Wasseranschluß, am Kai befinden sich das Gebäude der Capitaneria, eine Tankstelle sowie ein Schiffszubehörhändler.

In der Baia di Silenzio bilden zwei von den Ufern ausgehende Steinschüttungen eine etwa 80 m breite Einfahrt. In dieser Bucht kann man nur vor Anker liegen.

Von den Restaurants im Ort sind besonders zu empfehlen „El Pescador" (Spezialitäten: *Acciughe al limone*, Sardellen mit Zitrone, und *Minestrone genovese*, Gemüsesuppe nach Genueser Art) und das „Ristorante Sant' Anna" (Spezialitäten: *Zuppa di arragosta con datteri*, Hummersuppe mit Dattelmuscheln, und *Spaghetti alla brezza marinara*, das sind Spaghetti mit Meeresfrüchten wie Muscheln, Krabben und Tintenfisch).

Kunstinteressierte sollten in Sestri Levante die *Pinacoteca Rizzi* mit der Sammlung des Arztes Vittorio Rizzi besuchen, darunter Werke von Raffael, Tiepolo, Caravaggio und Reni.

In der weiten Bucht zwischen der *Punta Manara* im Nordwesten und der *Punta Baffe* im Südosten steht auf einem kleinen, spitzen Felsen vor dem Ufer ein großes, eisernes Kreuz. Die Silhouette des nördlich davon liegenden Ortes **Riva Trigoso** (ein Vorort von Sestri Levante) wird beherrscht von einem riesigen Portalkran mit der Aufschrift „Cantieri Navali Riuniti", der zu einem großen Werftbetrieb gehört. Bei ruhigem Wetter können Yachten an der etwa 50 m langen, werfteigenen Mole vorrübergehend festmachen.

Südöstlich von Sestri Levante reiht sich ein malerischer kleiner Badeort an den anderen: **Moneglia, Deiva Marina, Bonassola** und **Levanto.** Sie alle verfügen über Anleger für Fischerboote, Jollen und Beiboote. Bei ruhigem Wetter lohnt es sich, vor dem einen oder anderen Seebad für einen Badeaufenthalt oder ein gutes Essen zu ankern, zum Beispiel im Restaurant „La Vela" in Moneglia, das sehr zu empfehlen ist.

Monterosso al Mare

Bei der *Punta Mesco* mit ihrem Unterwassermeerespark beginnt das Traumland der

Cinque Terre

der fünf Landen, womit fünf Ortschaften gemeint sind. Verteilt über einen Küstenstreifen von etwa 10 sm Länge, krallen sich die Felsennester *Monterosso al Mare, Vernazza, Corniglia, Manarola* und *Riomaggiore* an die unzugänglichen Klippen. Bis zum Bau der Eisenbahnstrecke Rom–Genua waren die Orte nur von See her zugänglich oder über mühselige Saumpfade; einzig Monterosso al Mare und Riomaggiore sind inzwischen über ausgebaute Straßen zu erreichen.

Vernazza

Der Ort ist schon von weitem an seinem Wahrzeichen, dem achteckigen Glockenturm der Pfarrkirche *Santa Margherita* aus dem 14. Jahrhundert, zu erkennen sowie an dem Kastell mit dem runden Wachturm auf dem Felsvorsprung an der Südseite des Hafens. Vernazza verfügt als einziger Ort der Cinque Terre über einen Hafen.

Man macht hinter der nach Norden gerichteten Außenmole auf 5 m Wassertiefe oder an dem südlichen Kai auf 1 bis 3 m Wassertiefe vor Buganker, Heck zum

Vernazza

Kai oder zur Mole, fest. Der Bereich zwischen der Außenmole und dem südlichen Kai ist den Ausflugsschiffen vorbehalten. Ansonsten muß man sich die Liegeplätze mit zahlreichen Fischerbooten teilen.

Der malerische Ort mit seinen verschachtelten Fischerhäusern, den jäh ins Meer stürzenden Felswänden und den darüber ansteigenden Terrassen, auf denen Wein angebaut wird, lohnt einen Besuch. Hinter der Kirche zieht sich die Hauptstraße des Ortes in einem ehemaligen Bachbett hin; der Bach wurde in zwei durch den Fels geschlagene Tunnel abgeleitet. Im westlichen Tunnel, *Antro del Diavolo* (Teufelshöhle) genannt, brandet das Meer bis in die Ortschaft hinein.

Riomaggiore

die südlichste Ortschaft der Cinque Terre, steigt malerisch aus einer engen Schlucht auf. Ihre Häuser werden von der aus dem 14. Jahrhundert stammenden Pfarrkirche überragt. Die Burgruine oberhalb des Ortes dient heute als Friedhof. Etwa 100 m vom Ufer entfernt ist ein Steinwall aufgeschüttet, hinter dem man bei ruhigem Wetter ankern kann.

Portovenere

Der „Hafen der Venus" ist ein Kleinod an der äußeren westlichen Spitze des Golfes von La Spezia und eines der Prachtstücke an der ligurischen Küste. Die bunten, schmalen, bis zu sieben Stockwerke hohen Häuser werden von der romanischen Pfarrkirche *San Lorenzo* überragt. Oberhalb der Kirche thront das Anfang des 12. Jahrhundert von den Genuesen errichtete Kastell. Auf der Spitze der westlichen Landzunge erhebt sich das gotische Kirchlein *San Pietro*, von wo aus sich ein prächtiger Blick auf die steilen Wände der Cinque Terre bietet.

Bereits für die Römer war der „Portus Veneris" ein wichtiger Kriegshafen für ihre Feldzüge gegen die Gallier und Iberer. Vom 12. bis 16. Jahrhundert bauten die Genuesen den Ort zu einer uneinnehmbaren Festung aus. Heute beherrschen Touristen – vor allem Tagesausflügler – das Stadtbild.

Eine 150 m breite Meerenge trennt Portovenere von der Insel *Palmaria* mit ihrem schönen Badestrand. An ihrer Nordseite entstehen eine große Feriensiedlung und ein Yachthafen. Die Palmaria südlich vorgelagerte *Isola del Tino* wird überragt von dem mächtigen Leuchtturm.

Leuchtturm auf der Isola del Tino

Der Hafen von Portovenere liegt dicht östlich der *Punta San Pietro*, auf der die gleichnamige Kirche steht. Seine Ansteuerung bereitet außer bei starken Winden aus Nordwest bis Südwest keinerlei Schwierigkeiten; die nach Südosten offene Einfahrt ist befeuert. Yachten machen an der südöstlichen Außenmole oder am Südwestkai vor Buganker, Heck zur Mole oder zum Kai, fest. Im Sommer ist der Hafen jedoch regelmäßig überfüllt. Es empfiehlt sich

Am Hafen von Portovenere

dann, am Ufer der gegenüberliegenden Insel Palmaria zu ankern, wobei man den Muschelzuchten an der Nordseite Palmarias aus dem Wege gehen muß. Auch nordöstlich von Portovenere liegen größere Muschelkulturen dicht unter Land.

Am Kai befinden sich einige Wasseranschlüsse, in dem niedrigen Gebäude hinter dem Südkai sind Toiletten sowie das Hafenamt untergebracht. Besucheryachten dürfen nicht länger als fünf Tage im Hafen liegen.

Vom Hafen führen Treppenaufgänge zu der höher gelegenen Geschäftsstraße des Ortes. Von den Restaurants sind die „Trattoria della Marina" und das „Il Gambero" zu empfehlen; ein beliebter Treffpunkt ist die Bar „Al Gabbiano".

La Spezia

Die Stadt am äußersten Ende des tief in die Berge einschneidenden gleichnamigen Golfes verdankt ihre Bedeutung und ihren Aufstieg zur Großstadt dem französischen Kaiser Napoleon Bonaparte. Als La Spezia während der Napoleonischen Kriege dem französischen Kaiserreich einverleibt wurde, legte Napoleon den Grundstein für den heute wichtigsten italienischen Kriegshafen. Sein Sturz hinderte ihn daran, den Ausbau des Flottenhafens voranzutreiben. Das 1860 geeinte Königreich Italien führte seine Pläne je-

Seekarten:

D 502
BA 157
I 3

doch unverzüglich aus: Schon 1869 stand das *Arsenale Militare Marittimo.*

Heute ist La Spezia trotz der überall präsenten Marine keine graue Stadt. Herrliche Promenaden, Gartenanlagen und elegante Straßen machen es für den Besucher ebenso attraktiv wie seine zahlreichen Sehenswürdigkeiten, beispielsweise das dem *Arsenale Militare Marittimo* angeschlossene *Museo Tecnico Navale* mit zahlreichen maritimen Raritäten wie Galionsfiguren, Schiffsmodellen und einer großen Anzahl von Gemälden mit Motiven aus der Seefahrt.

Der Golf von La Spezia wird durch eine zwischen der *Punta Santa Maria* und der *Punta Santa Teresa* verlaufende, riesige Außenmole geschützt, die nur im Westen und Osten je eine Durchfahrt läßt. Dahinter liegen zahlreiche Hafenanlagen, Stege und Festmachetonnen, die fast ausschließlich der Marine gehören.

Yachten können in der Bucht **Le Grazie** an den Stegen und Kais anlegen; die Wassertiefen variieren zwischen 1,50 und 2,50 m. Im Handelshafen am nördlichen Ende des Golfes liegen einige Stege des Circolo Velico La Spezia aus, wo man ebenso festmachen kann wie an der Innenseite des *Molo Italia.* Südwestlich des Molo Italia, an der *Banchina C. Morin,* ist Platz für kleine Yachten.

Die Freude an einem Aufenthalt in La Spezia wird allerdings durch die öligschwarze Brühe, die überall auf dem Wasser schwimmt, stark getrübt.

Lerici

im Ostteil des Golfes von La Spezia gelegen, besticht durch die effektvolle Kulisse mit dem schon zu Dantes Zeiten berühmten Kastell ebenso wie durch die Lebhaftigkeit seines Hafens. Das von den Pisanern errichtete Kastell wurde später von den Genuesen durch zahlreiche Bastionen erweitert. Der einstmals kleine, um das Kastell gescharte Ort hat sich mit schönen Villen und Gärten längst über die Hügel ausgebreitet. Zentrum aber ist noch immer die Gegend um den Hafen, mit den kleinen Straßen der Altstadt und dem Platz vor dem *Oratorio San Rocco.*

Der nach Südwesten offene Hafen wird an der Westseite von einer rund 150 m langen Mole geschützt, deren letzte 70 m für Gastyachten reserviert sind. Fast auf der gesamten Wasserfläche vor dem Ort liegen an die 300 Yachten an Bojen. Wasseranschlüsse, Toiletten sowie das Gebäude des Yachtclubs findet man am Hafen.

Von den Restaurants sind das „Conchiglia“ und das „Paolino“ wegen ihrer hervorragenden Fischgerichte besonders zu empfehlen.

Bekanntgeworden ist Lerici durch die englischen Dichter Lord Byron und Percy Bysshe Shelley, die hier in den zwanziger Jahren des vorigen Jahrhunderts lebten.

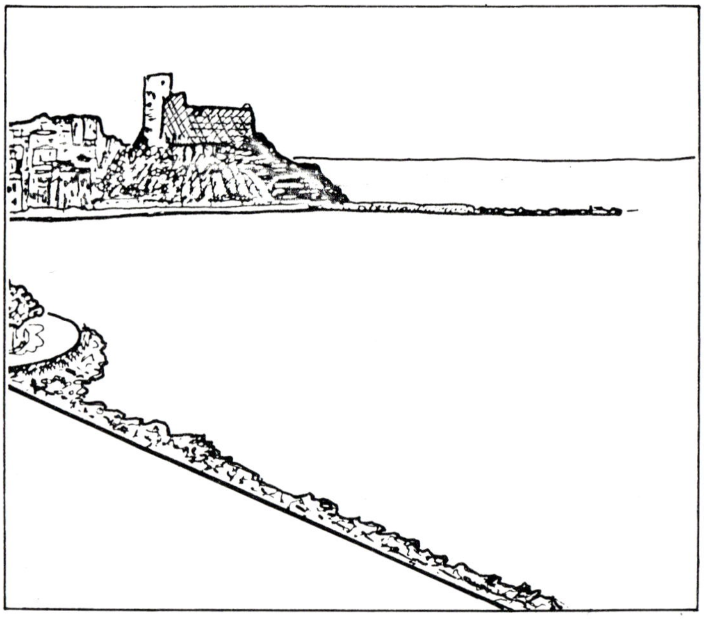

Lerici

Wissenswertes von A bis Z

Ankern, Ankergeschirr und Anlegen

Obwohl man in den modernen Yachthäfen an der Riviera den eigenen Anker nicht benötigt, sollte der Skipper dennoch großen Wert auf ausreichend dimensioniertes Ankergeschirr legen. Am besten sind zwei Anker (Patent- und Stockanker). Zum einen will man ja auch einmal in einer der zahlreichen romantischen Buchten ankern, zum anderen legt man in den Gemeindehäfen immer noch vor Buganker, Heck zum Kai oder zur Mole, an.

In den Yachtmarinas gibt es verschiedene Anlegesysteme: Am weitesten verbreitet sind Grundleinen oder -ketten, wobei eine Leine oder Kette oder eine Kombination aus beiden mit dem einen Ende am Grund an einer schweren Kette oder einem Betonklotz befestigt ist, mit dem anderen am Kai oder Steg. Man fährt an den Kai oder Steg heran – normalerweise römisch-katholisch mit dem Heck voran – und belegt eine Heckleine. Dann holt man die lose durchhängende Grundleine auf, während man zum Bug geht, und belegt die dichtgeholte Grundleine (wegen der oft sehr verschmutzten Leinen sollte man dabei Arbeitshandschuhe tragen). Bei Grundketten empfiehlt es sich, zwei Karabinerhaken mit kurzen Tampen daran in die Kette einzupicken; so kommt die schmutzige Kette nicht an Bord.

Ein anderes System sind Muringbojen – meist für zwei Yachten eine Boje –, an denen die Vorleine belegt wird, während die Heckleinen zum Kai oder Steg geführt werden.

Hier und da trifft man auch auf kurze Auslegerstege, bei denen sich jeweils zwei Yachten eine Box teilen.

In fast allen französischen Yachthäfen gibt es den *Quai d'Acceuil* (Empfangskai), an dem der Hafenmeister oder ein Angestellter einlaufende Yachten begrüßt und ihnen einen Liegeplatz zuweist. Ist der Empfangskai nicht besetzt, sollte man dort zunächst anlegen und sich im Hafenbüro melden.

In einigen französischen und vor allem in italienischen Yachthäfen sind Gastliegeplätze besonders gekennzeichnet (frz. „Transit", ital. „Transito"); hier kann man nach dem Einlaufen direkt anlegen. Die Stellen, an denen man auf gar keinen Fall anlegen darf, sind meist mit einem gelben Streifen oder einer schwarzgelben Schraffur markiert.

Es ist wohl selbstverständlich, daß man sich nach dem Einlaufen beim Hafenmeister meldet und gleich die Liegegebühren bezahlt (man spart sich am nächsten Tag den Gang zum Hafenbüro, der in den teilweise riesigen Marinas recht lang sein kann).

Fast alle Yachthäfen an der Riviera sind während der Dienststunden über UKW-Telefon Kanal 9 zu erreichen, so daß man sich schon einige Meilen vor Erreichen des Hafens nach freien Plätzen erkundigen und sich einen Liegeplatz reservieren lassen kann.

Auskünfte

die speziell den Wassersport betreffen, erteilen die Fremdenverkehrsämter:

Amtliches Französisches Verkehrsbüro
6000 Frankfurt am Main, Kaiserstraße 12, Telefon 0 69/75 20 20

Staatliches Italienisches Fremdenverkehrsamt E.N.I.T.
4000 Düsseldorf, Berliner Allee 26, Telefon 02 11/ 37 70 35
6000 Frankfurt, Kaiserstraße 65, Telefon 0 69/ 23 12 13
8000 München 2, Goethestraße 20, Telefon 0 89/ 53 03 69

Darüber hinaus kann man beim
ADAC, Referat Sportschifffahrt
8000 München 70, Am Westpark 8, Telefon 0 89/ 76 76 61 07
„Wassertouristische Informationen" über die beiden Länder anfordern.

Und schließlich gibt es, herausgegeben von der
Kreuzer-Abteilung des Deutschen Segler-Verbandes
2000 Hamburg 60, Gründgensstraße 18, Telefon 0 40/6 30 60 51
die Broschüren „Wassersport in Frankreich" und „Wassersport in Italien".

Bootspapiere

In **Frankreich** ist für das Befahren der Küsten- und Seegewässer mit Wassersportfahrzeugen bis 50 m^3 Bruttoraumgehalt unter deutscher Flagge der *Flaggenausweis* (Rechtslagebescheinigung des Bundesamtes für Schiffsvermessung) erforderlich; er wird auf Antrag vom Deutschen Segler-Verband (DSV), vom Deutschen Motoryachtverband (DMYV) oder vom ADAC ausgestellt.

Für Wassersportfahrzeuge über 50 m^3 Bruttoraumgehalt wird das amtliche *Schiffszertifikat* verlangt.

In **Italien** sind Wassersportfahrzeuge zulassungs- und kennzeichnungspflichtig. Für deutsche Boote wird das *Internationale Verbandszertifikat* anerkannt (ausgegeben vom DSV, DMYV oder ADAC).

Chartern

In zahlreichen Yachthäfen an der Riviera gibt es Charterbasen, auch von deutschen Charterfirmen. Die Anschriften der Charterfirmen kann man dem Anzeigenteil der Wassersportzeitschriften entnehmen.

Einklarieren und Zollvorschriften

Generell ist das Einklarieren, vor allem für Yachten aus dem EG-Raum, in den letzten Jahren vereinfacht worden.

Frankreich: Förmliches Einklarieren wird normalerweise nicht praktiziert. In der Capitainerie erhält man das sogenannte *Fiche d'Escale* (je nach Nationalität in Französisch, Englisch, Italienisch oder Deutsch), das man ausgefüllt wieder abgibt. In einigen Häfen kommen Gendarmerie und/oder Zoll *(douane)* an Bord, um sich Ausweise und Schiffspapiere zeigen zu lassen und eine Crewliste zu verlangen, zumeist auf einem besonderen Formular, so daß es nicht lohnend ist, Crewlisten vorher anzufertigen.

Wassersportfahrzeuge dürfen sechs Monate innerhalb einer Zwölfmonatsperiode vorübergehend eingeführt werden; ein Grenzdokument (Triptik beziehungsweise Carnet) ist dann nicht erforderlich. Es ist jedoch nicht erlaubt, sie gegen Entgelt einzusetzen (beispielsweise Vercharterung).

Soll eine Yacht mehr als sechs Monate ununterbrochen in französischen Gewässern bleiben (Winterlager), so kann sie während der Abwesenheit des Eigners unter Zollverschluß genommen werden.

Italien: Ausländische Wassersportfahrzeuge, ob über See oder über Land kommend, müssen beim Hafenamt des Anreisehafens angemeldet und einklariert werden. Hier wird das *Costituto in arrivo,* die Ankunftsbescheinigung, ausgestellt. Es muß vor Verlassen der italienischen Hoheitsgewässer wieder abgegeben werden.

Für italienische und ausländische Boote muß eine Aufenthaltssteuer *(Tassa di Stazionamento)* bezahlt werden. Sie kann bei jedem Postamt gegen Vorlage der Schiffspapiere entrichtet werden und wird nach der Bruttotonnage bemessen: Motorboote bis 50 t = 120 Lire, Segelboote bis 50 t = 60 Lire je Tag und Tonne).

Vorübergehend eingeführte Wassersportfahrzeuge bleiben zwölf Monate lang zollfrei. Sie dürfen jedoch nicht für gewerbliche Zwecke genutzt werden. Halten sie sich länger in italienischen Gewässern auf, müssen sie eingeführt oder für mindestens drei Monate unter Zollverschluß genommen werden.

Für die Zeit der Zollverschlußnahme entfällt die Aufenthaltssteuer, sofern die Yacht auf einem Privatgrundstück (Marina, Club oder ähnliches) an Land gelagert wird.

Führerscheine

Zum Führen von Booten mit Motoren über 3,68 kW (5 PS) ist sowohl in französischen als auch in italienischen Küstengewässern der amtliche *Sportbootführerschein* erforderlich. Im übrigen gelten für in Frankreich zugelassene Boote die französischen, für in Italien zugelassene die italienischen Führerscheinbestimmungen.

Gesundheit

Während der Monate Juli, August und Anfang September ist die Sonneneinstrahlung sehr intensiv, insbesondere auf dem Wasser. Einen beginnenden Sonnenbrand nimmt man während des Segelns häufig erst dann wahr, wenn es zu spät ist. Für diesen Fall empfiehlt es sich, ein Antihistaminikum in Gelform in der Bordapotheke mitzuführen. Wer lichtempfindlich ist, sollte sich vorsorglich mit einer Sonnencreme mit hohem Lichtschutzfaktor einreiben.

Magenverstimmungen rühren meist vom allzu reichlichen Genuß kalter Getränke und der ungewohnten Kost her. Für solche Fälle gehören Kohlecompretten in die Bordapotheke.

Gegen Seekrankheit ist ein Cinnarizin-Präparat das Mittel der Wahl, denn es hat keine Nebenwirkungen.

Haftpflichtversicherung

In **Frankreich** ist eine Wassersport-Haftpflichtversicherung nicht vorgeschrieben, jedoch zu empfehlen.

In **Italien** sind Boote mit Motoren über 3 italienische Steuer-PS haftpflichtversicherungspflichtig. Als Deckungsnachweis gilt die Blaue Versicherungskarte. Die Mindesthöhe der zu versichernden Summe ist vorgeschrieben; Auskunft erteilen die deutschen Versicherungsgesellschaften.

Kraftstoff

erhält man in der Regel an Zapfsäulen am Kai. Manchmal muß man ihn jedoch im Kanister von einer meist nahe gelegenen Tankstelle holen, vor allem in kleineren Häfen. Die Abgabe zollfreien Diesels an Sportboote ist in Frankreich verboten, in Italien zwar hier und da theoretisch möglich, aber mit großem bürokratischem Aufwand verbunden, der die Einsparung nicht lohnt. An italienischen Hafentankstellen ist Diesel einige Lire preiswerter als an Straßentankstellen.

Lebensmittel und Getränke

Das Angebot an Obst und Gemüse ist teilweise jahreszeitbedingt. So gibt es im Frühjahr und Sommer keine Weintrauben, dafür im Sommer Äpfel, Pfirsiche und Tomaten zu niedrigen Preisen. Ungeziefer wird mit Obst oder Gemüse nicht eingeschleppt; sie können also wie gewohnt verarbeitet und verzehrt werden.

Fleisch ist sowohl in Italien als auch in Frankreich teuer und entspricht oft nicht unseren Ansprüchen.

Bier ist teuer und sollte von zu Hause mitgebracht werden. Guten Wein erhält man überall recht preiswert.

Liegegebühren

In den meisten der in diesem Buch beschriebenen Häfen werden Liegegebühren erhoben; eine Ausnahme bilden lediglich gemeindeeigene Häfen. In einigen Yachthäfen kann man *eine* Nacht kostenlos liegen. In den italienischen Gemeindehäfen ist die Liegezeit meist auf drei oder fünf Tage beschränkt.

Die Höhe der Liegegebühren ist sehr unterschiedlich; sie werden von Jahr zu Jahr erhöht. Für eine 10-m-Yacht waren 1986 in Italien im Juli und August zwischen

15 000 und 50 000 L (22,50 bis 75,00 DM) zu zahlen und in Frankreich zwischen 35 und 120 FF (11,70 bis 40,00 DM). In den Monaten Mai, Juni und September sind es etwa 30 Prozent weniger, von Oktober bis April 40 bis 50 Prozent.

Für die Benutzung der warmen Duschen werden ebenfalls unterschiedliche Preise verlangt: 5 bis 15 FF (1,70 bis 5,00 DM) in Frankreich, 500 bis 3000 L (0,75 bis 4,50 DM) in Italien.

Marine, Marina

Dieser Begriff hat in Frankreich und Italien eine andere Bedeutung als bei uns und steht nicht nur für moderner Yachthafen. Die Ortsbezeichnung *Marine de* ... (französisch) beziehungsweise *Marina di* ... (italienisch) bedeutet häufig, daß es sich dabei um die am Meer gelegene „Sommerdependence“ eines weiter binnenwärts liegenden Ortes handelt.

Ähnlich verhält es sich mit *Port* (französisch) beziehungsweise *Porto* (italienisch). Bei Ortsnamen, denen dieses Wort vorangestellt ist, kann man nicht immer davon ausgehen, einen befestigten Hafen anzutreffen. Oft ist es nicht mehr als eine kleine Bucht, in der vielleicht einmal früher einige Fischer ihre Boote an Land gezogen haben.

Navigation

Vorspringende Kaps, weithin sichtbare Antennenmasten, gut auszumachende Kastelle (Forts), Wachtürme, große, gemauerte Untiefenbaken und andere Landmarken erleichtern bei Tage die Navigation. Zahlreiche weittragende Leuchtfeuer helfen bei Nacht – die Befeuerung in diesem Gebiet ist ganz hervorragend. Kennung, Reichweite und Lichterscheinung entnehme man dem Leuchtfeuerverzeichnis, Teil V.

Aber auch mehrere Funkfeuer mit meist 100 sm Reichweite stehen über die Küste verteilt, wobei Franzosen und Italiener ununterbrochen sendende Flugfunkfeuer in Betrieb haben. Darüber hinaus sendet die französische Marine alle sechs Minuten für zwei Minuten.

Die italienische Marine verfährt mit ihren Funkfeuern bei Nebel in ähnlicher Weise, aber bei klarem Wetter senden sie mit vierstündigem Abstand. Doch das wird bei guter Sicht einen Skipper kaum in Verlegenheit bringen, weil er seine Position vor der nächsten Sendung längst anderweitig bestimmt hat.

Position, Kennung, Frequenz, Reichweite und Sendefolge der Seefunkfeuer und Flugfunkfeuer entnehme man dem jährlich erscheinenden Jachtfunkdienst Mittelmeer.

Da das gesamte Gebiet der Riviera durch Loran-C-Sender abgedeckt wird, hat sich dieses Hyperbelnavigationsverfahren in den letzten Jahren hier immer mehr durchgesetzt. Die Preise der Loran-C-Geräte sind wegen des unterschiedlichen Mehrwertsteuersatzes geringfügig höher als in Deutschland, jedoch liefern und installieren französische und italienische Firmen die Geräte für deutsche Yachten teilweise *ohne* Mehrwertsteuer – sie wird bei der Überführung der Yacht nach Deutschland fällig.

Auch Satellitennavigationsgeräte sieht man in zunehmendem Maße auf Yachten. Diese Geräte sind allerdings nicht so effektiv wie die Loran-Geräte, da die Abstände der Satellitendurchgänge zu groß sind – man erhält nur alle ein bis zwei Stunden einen zuverlässigen Standort.

Schreibung der Ortsnamen

Die Ortsnamen sind in diesem Buch in der Regel genauso geschrieben wie im Lande. Des besseren Verständnisses wegen aber werden dort Ausnahmen gemacht, wo die deutschen Ortsnamen bekannter sind, zum Beispiel Genua statt Genova, Nizza statt Nice.

Seekarten und Seehandbücher

Neben den offiziellen deutschen, britischen, französischen und italienischen Seekarten sind die französischen *Carte-Guide* (CG 500 bis 511) sowie die italienischen *Plastiroute*-Karten (P-Karten, in gleicher Numerierung wie die offiziellen Seekarten) zu empfehlen. Die französischen CG-Karten sind in ihrer Darstellung sehr anschaulich und enthalten zusätzlich Hafenpläne. Auf der Rückseite der italienischen P-Karten findet man Hafenpläne, das Leuchtfeuerverzeichnis, den nautischen Funkdienst sowie auch Auszüge aus dem Seehandbuch für das betreffende Gebiet.

Beide Kartenwerke sind feuchtigkeitsunempfindlich und können auch gut im Cockpit benutzt werden. Wegen ihrer glatten Oberfläche kann man freilich schlecht auf ihnen zeichnen. Die P-Karten lassen sich mit einem feuchten Lappen und Haushaltsreiniger saubermachen.

Wer keine ausreichenden Sprachkenntnisse besitzt, sollte ausländische Karten nicht als alleinige Navigationsunterlagen benutzen.

Seehandbücher:
- Mittelmeer, I. Teil (Ostküste Spaniens und Balearen, Südküste Frankreichs und Korsika), DHI-Nr. 2027
- Mittelmeer, II. Teil (Italien mit Sardinien und Sizilien), DHI-Nr. 2028
- Leuchtfeuerverzeichnis, Teil V (Mittelmeer und Schwarzes Meer), DHI-Nr. 2105
- Jachtfunkdienst Mittelmeer, DHI-Nr. 2159

Nützlich ist auch der jährlich erscheinende *Reed's Mediterranean Navigator,* der Leuchtfeuerverzeichnis und Jachtfunkdienst in einem ist und viele andere Informationen enthält.

Die französische *Carte des Radiosignaux* (Carte-Guide RX 5), eine mehrfarbige Übersichtskarte des westlichen Mittelmeers, ist ebenfalls sehr zu empfehlen. Sie kann als Übersegler und nautischer Jachtfunkdienst gleichermaßen dienen.

Sicherheitsausrüstung

Yachten bis 50 BRT (gleich, ob italienische oder

ausländische), welche die **italienischen** Küsten- und Binnengewässer befahren, müssen über eine *Minimalausrüstung an Rettungs- und Sicherheitsmitteln* verfügen. Ist das nicht der Fall, sind die Behörden berechtigt, die sofortige Ausreise aus dem italienischen Hoheitsgebiet anzuordnen und Strafen zu verhängen. Bei groben Verstößen kann das Boot beschlagnahmt werden.

● *Minimalausrüstung für Segelboote ohne Motor, Segelboote mit Motor bis 20 PS und Motorboote bis 20 PS von jeweils weniger als 3 BRT oder weniger als 6 m Länge innerhalb eines zulässigen Fahrbereichs bis zu 6 sm Landabstand:*

- 1 Schwimmweste pro Person
- 1 Rettungsring mit 30 m Leine
- Rettungsflöße, aufblasbar, ausreichend für alle Personen an Bord
- 1 Handpumpe oder sonstige Lenzvorrichtung
- 1 Anker mit mindestens 30 m Leine
- 1 Paar Riemen oder Hilfsmotor, ausreichend für die Bewegung des Bootes
- 1 Bootshaken
- 2 Handfackeln (rot)
- 2 Handsignalraketen (rot) oder 1 Signalpistole mit 2 Patronen (rot)
- vorschriftsmäßige Positionslaternen (mit Attest)
- Feuerlöscher (Brandklassen ABCD)

Auf Antrag sind bei Selbstbegrenzung des Fahrbereichs auf 3 sm keine Rettungsflöße erforderlich, und anstelle der Schwimmwesten ist ein Rettungsring für je zwei Personen ausreichend. Die abgestempelte Kopie des Antrages ist an Bord mitzuführen.

● *Minimalausrüstung für Segel- und Motorboote über 3 BRT und über 6 m Länge sowie mit Motoren von über 20 PS – zulässiger Fahrbereich über 6 sm Landabstand:*

- 1 Schwimmweste pro Person
- 1 Rettungsring mit 30 m Leine
- Rettungsflöße, aufblasbar, ausreichend für alle Personen an Bord
- 3 Handfackeln (rot)
- 3 Fallschirmsignale (rot)
- vorschriftsmäßige Positionslaternen (mit Attest)
- Lenzvorrichtung
- Feuerlöscher (Brandklassen ABCD)
- 1 Notsteueranlage
- Anker mit Kette oder Kettenvorlauf mit Leine
- Festmacheleinen
- Typhon
- Verbandskasten
- Kompaß
- Echo- oder Handlot
- Barometer
- Uhr
- Fernglas
- Seekarten und Navigationsbesteck

Der *Feuerlöscher* ist am Steuerpult beziehungsweise in der Nähe des Steuerstandes zu befestigen. Für Boote mit Motoren bis 20 PS sind ein, von 20 bis 100 PS zwei, über 100 PS drei Feuerlöscher vorgeschrieben. Die zusätzlichen Feuerlöscher müssen in der Nähe des Motors angebracht werden. Bei Booten, die über eine beziehungsweise mehrere Kabinen verfügen, muß zusätzlich ein Feuerlöscher je Raum beziehungsweise Raumgruppe angebracht werden.

Signalpistolen müssen an Bord gut unter Verschluß gehalten werden.

Für *gewerblich genutzte Boote* gelten weitergehende Bestimmungen, die in der Gewerbegenehmigung aufgeführt sind.

Für in **Frankreich** registrierte Yachten gelten gesetzliche Bestimmungen über die zulässigen Fahrbereiche und die entsprechenden Mindestausrüstungen.

Für Yachten unter ausländischer Flagge gelten die Ausrüstungsvorschriften des Heimatlandes.

Trinkwasser
bekommt man in den meisten Häfen gratis, sonst aber zu geringen Preisen. Es sollte nur abgekocht verwendet werden. Im übrigen empfiehlt sich das überall preiswert erhältliche Mineralwasser.

Wind und Wetter
Im nördlichen Teil des westlichen Mittelmeeres ist es im Sommer trocken und heiß; die Winter sind ausgesprochen mild. Die atlantischen Störungen beeinflussen das Wetter nur wenig und wenn, dann nur indirekt, vor allem im Sommer. Die Gebirge schirmen die Küste vor den kalten Nordwinden ab und sorgen für eine Umlenkung der Tiefausläufer in Richtung Nordost.

Allgemein ist der Westteil, Languedoc-Roussillon, die windreichste Region, wobei der Golfe du Lion eine der sturmreichsten Gegenden des Mittelmeeres ist. Hier herrschen nördliche (Tramontana) und nordwestliche Winde (Mistral) vor, die auch in den Sommermonaten schon mal unangenehm blasen können. An der Côte d'Azur und der italienischen Riviera herrschen in den Sommermonaten östliche Winde vor, von denen der Schirokko, ein heißer Wind aus Südost, der gefährlichste ist.

Ganz wichtig: *Die Stürme im Mittelmeer kommen fast immer ohne Vorankündigung – die Windgeschwindigkeit nimmt innerhalb weniger Minuten von 0 auf 50 kn zu, und das bei strahlend blauem Himmel fast ohne Wolken.*

Obwohl es keine generellen Regeln gibt, sollte man doch etwa alle zwei bis drei Wochen im Sommer mit Starkwind und im Winter mit einem ausgewachsenen Sturm rechnen. Dabei sind Windgeschwindigkeiten von 50 bis 60 kn auch im Sommer nichts Außergewöhnliches. Es kann daher nur dringend angeraten werden, auch bei strahlend blauem Himmel regelmäßig die Wetterberichte abzuhören und die Wetterentwicklung zu verfolgen. Eine ständige Hörbereitschaft auf UKW-Kanal 16 ist zu empfehlen, da hier die Sturmwarnungen durchgegeben werden.

An der buchtenreichen Küste östlich von Marseille hat jeder Golf seinen eigenen Wind, der von Kap zu Kap wechseln kann und auf den man sich immer wieder neu einstellen muß – während der Monate Juli und

August meist nur von einer Flaute auf die andere. Am Kap weht es etwas, in den Buchten herrscht Flaute. Winde von 2 bis 5 Bft sind selten – entweder kaum oder gar kein Wind oder Starkwind.

Wetterberichte

Angaben über Wetterberichte in deutscher, französischer, italienischer und englischer Sprache sind im Jachtfunkdienst Mittelmeer enthalten, deswegen hier nur die wichtigsten:

Deutsche Welle
6075, 9545 kHz
jeweils im Rahmen des Reisejournals:
Mo–Fr zwischen 0835 und 0900 UTC sowie 1550 und 1600 UTC, Sa zwischen 1750 und 1800 GZ

Österreichischer Rundfunk
6000, 6155, 7170, 15410 kHz
von Anfang Mai bis Mitte Oktober: 0610 UTC täglich, 1045 UTC werktags

Französischer Rundfunk (France Inter) mit den Sendern
Marseille 675 kHz, Toulon 1584 kHz, Nizza 1350 kHz, 0755, 2155 GZ

Italienischer Rundfunk (RAI 2) mit den Sendern
Rom 846 kHz, San Remo und Genua 1035 kHz
Mo–So 0700 und 2235 GZ, Mo–Sa 1535 GZ, So 1635 GZ

Wetterberichte über UKW-Telefon werden normalerweise auf Kanal 16 angekündigt:
– die italienischen mit *chiamata generale*
– die französischen mit *appel à tous*
Starkwindwarnungen geht die Ankündigung *sécurité, sécurité, sécurité* voraus.

Nach dem allgemeinen Aufruf wird der Arbeitskanal mitgeteilt, auf dem der Wetterbericht zu empfangen ist.

Die meisten italienischen Küstenstationen wiederholen den Aufruf in englischer Sprache *(all ships, all ships)* und verlesen den Wetterbericht sowohl in Italienisch als auch anschließend in Englisch.

Französische UKW-Küstenfunkstationen

Perpignan	Kanal 02
Sète	Kanal 25
Fos	Kanal 28
Marseille	Kanal 26
Toulon	Kanal 62
Grasse	Kanal 02

jeweils um 0833 und 1233 GZ

C.R.O.S.S.-Stationen
Cross/La Garde (Toulon) Kanal 09
– 0745 GZ für das Gebiet von La Ciotat bis Cannes
– 0830 GZ für das Gebiet von Cap Cerbère bis Port Camargue
– 0910 GZ von Le Grau-du-Roi bis Cannes
– 1810 GZ von Port Vendres bis Menton
Cross/Agde (nur von Ende Juni bis Anfang September) Kanal 09
– 0910 GZ für das Gebiet von La Ciotat bis Cannes
– 1830 GZ von Cap Cerbère bis Port Camargue

Monaco
Kanal 22: 1210 und 1610 UTC
Kanal 28: 0903, 1403 und 1915 GZ
sowie in englischer Sprache um 1003 und 2133 GZ

Einen besonderen Service bietet Monaco während der Sommermonate mit seinem Seewetterbericht vom Band auf Kanal 23 von 0800 bis 2400 GZ, der alle drei Stunden aktualisiert wird.

Italienische UKW-Küstenfunkstationen

San Remo	Kanal 27
Genua	Kanal 25
Chiavari	Kanal 27
Livorno	Kanal 26

jeweils um 0733, 1333, 1933 und 0133 UTC

Eine weitere Möglichkeit, einen aktuellen Wetterbericht zu erhalten, sind in Frankreich die *Telefonansagen:*

Saint-Cyprien	(68) 21 08 78
	(68) 21 09 13
Canet-Plage	(68) 80 29 16
Perpignan	(68) 61 03 92
Port Leucate	(68) 86 01 68
	(68) 86 01 09
Cap d'Agde	(67) 94 71 06
	(67) 94 71 38
Montpellier	(67) 65 79 83
Marignane	(42) 09 09 09
La Grande-Motte	(67) 56 57 69
	(67) 56 52 78
Marseille	(91) 90 35 00
Toulon	(94) 41 38 38
Saint-Tropez	(94) 97 23 57
Nizza	(93) 83 00 25

Yachtreparaturen und Winterlager

In fast allen Häfen gibt es kleinere und größere Werftbetriebe sowie Mechaniker, die in der Lage sind, alle Arten von Reparaturarbeiten an Yachten auszuführen. Auch findet man immer mehr Spezialfirmen, die elektronische Ausrüstung verkaufen und installieren. Die größeren Werften verfügen über eigene Landliegeplätze, wo Yachten preiswert überwintern oder unter Zollverschluß genommen werden können. Die Hafenmeister geben entsprechende Auskunft und vermitteln Serviceleistungen.

Register

Erklärung:
Blaue Ziffer = Bildseite
Schwarze Ziffer = Textseite

Französische Riviera

Agay 116
–, Rade d' 116
Agde 23, 29
–, Port d' 30
Aigues-Mortes 41, 52
Alicastre, Baie d' (Anse de Notre Dame) 87
Alon, Le Port d' 85
Ambonne, Port 31
Anse de la Galère 88
Anse de Lauron 55
Anse de la Marma 89
Anse de la Palu 89
Anse de Lilong 123
Anse de Notre Dame (Baie d'Alicastre) 87
Anse des Canebiers 111
Anse des Sablettes 86
Anse du Parfait 88
Antibes 133, 120
–, Port Vauban 133, 120
Argelès-sur-Mer 9, 26
Ayguade-Ceinturon, Port 88
Ayguade, Port de l' 89

Bagaud, Île de 88
Baie d'Alicastre (Anse de Notre Dame) 87
Baie de Bonporteau 110
Baie de Briand 110
Baie de Cavalaire 110
Baie de Fosettes 123
Baie de Fourmis 123
Baie de la Ciotat 66, 84
Baie de la Moutte 85
Baie de Port Man 89
Baie de Roquebrune 151
Baie des Anges 120
Baie des Lecques 84
Baie du Langoustier 88
Balaruc 48
Balaruc-les-Bains 48
Balaruc-les-Vieux 48
Bandol 75, 85
Banyuls 8, 24
Barcarès, Port 12–14, 27
Basse 26
Beal 117
Beaulieu-sur-Mer 141, 123
Bec de l'Aigle 84
Bendor, Île de 72, 74, 85
Berre, Étang de 55
Béziers 29
Bijou, Port/Cannes 109, 119
Bonporteau, Baie de 110
Bormes-les-Mimosas 82, 83, 89
–, Port de 82, 83, 89
Boulouris, Port de 115
Bouzigues 48
Brescou, Île 20, 30
Briand, Baie de 110

Cagnes-sur-Mer 121
Calanque de Callelongue 73
Calanque de Méjean 61, 69
Calanque de Morgiou 73
Calanque d'En-Veau 73
Calanque de Sormiou 73
Calanque du Canier 84
Calanque Figuerolles 84
Callelongue, Calanque de 73
Calseraigue, Île 73
Camargue 40, 52, 53
Canal d'Arles 55
Canal de la Robin 27
Canal de Marseille 73
Canal de Marseille au Rhône 55
Canal des Étangs 50
Canal du Caronte 46, 54
Canal du Grazel 17, 28
Canal du Midi 27, 31
Canal du Rhône à Sète 48
Canebiers, Anse des 111
Canet-Plage 11, 26
Canier, Calanque du 84
Cannes 126, 127, 118
Cannes Marina 108, 117
–, Port Bijou 109, 119
–, Port de Palm Beach 109, 129, 119
–, Port du Mouré-Rouge 126, 127, 119
–, Port Pierre Canto 109, 118
–, Vieux Port 124, 125, 118
Cap Béar 24
Cap Bénat 89
Cap Camarat 92, 110
Cap Cerbère 24
Cap Couronne 55
Cap Croisette 73
Cap d'Ail, Port de (Monaco) 144, 150
Cap d'Agde 20–23, 30
–, Port de 20–23, 30
Cap d'Antibes 131, 120
Cap d'Armes 88
Cap de Bregançon 83, 88
Cap de Cavalaire 110
Cap de Drammont 115
Cap de la Croisette 117
Cap de l'Aigle 84
Cap de l'Esquillon 116
Cap de Nice 138, 139,
Cap de Saint-Tropez 110
Cap des Moulins 67, 84
Cap Lardier 92, 110
Cap Ferrat 138, 139
Cap Leucate 27
Cap Martin 151
Cap Roux 115
Cap Taillat 92, 110
Capte, Port de la 88
Carnon-Plage 37, 51
Carro 58, 68
–, Bucht von 55
Carry-le-Rouet 60, 68
Cassis 73
Cavalaire, Baie de 110
–, Port de 92, 110
Cavalaire-sur-Mer 110
Cerbère 24
Chaîne de l'Estaque 68
Ciotat, Baie de la 66, 84
Collioure 9, 25
Coudourière, Port de la 77, 86
Crique de Caroussel 68
Cros-de-Cagnes 121

Domaine de Méjanes 54

Embiez, Île des 76–79, 86
–, Port des 76–79, 86
En-Veau, Calanque d' 73
Étang de Berre 55
Étang de Ginès 54
Étang de Gruissan 16, 28
Étang de l'Ayolle 28
Étang de Mauguio 51
Étang de Pérols 51
Étang de Salses (Étang de Leucate) 12, 13, 27
Étang de Sigean 27
Étang de Thau 32, 31
Étang de Vaccarès 53
Étang de Vendres 18, 29
Étang d'Ingril 36, 50

Figueirette-Miramar 102, 103, 116
Figuerolles, Calanque 84
Fontvieille, Port de (Monaco) 144, 150
Fos 54
Fosettes, Baie de 123
Fos-sur-Mer 54
Fourmis, Baie de 123
–, Port de 141, 123
Fréjus 114
Fréjus-Plage 114
Frioul, Port du 73
Frioul, Port du (Marseille) 62, 63, 65, 72
Frioul, Îles de 69
Frontignan 36, 49

Galère, Anse de la 88
Giens, Halbinsel 87
Gignac et La Redonne, Port de 61, 68
Giscel 94, 95, 112
Golfe d'Aigues-Mortes 51
Golfe de Beauduc 53
Golfe de Fos 44, 54
Golfe de Fréjus 98, 99, 113
Golfe de La Napoule 117
Golfe de Saint-Tropez 92, 93, 111
Golfe Giens 87
Golfe Juan 130, 131, 120
Goudes, Port des 73
Grande Passe 88
Grand Ribaud, Île de 87, 88
Grand Rouveau, Île du 86
Gruissan 16, 17, 28
Gruissan-Plage 16, 17, 28
Heliopolis 89
Hérault 20, 23, 29
Hyères 88
–, Îles d' 87
–, Port de la Plage d' 88

If, Île d' 62, 69, 72
Île Brescou 20, 30
Île Calseraigue 73
Île de Bagand 88
Île de Bendor 74, 75, 85
Île de Grand Ribaud 87, 88
Île de Porquerolles 80, 81, 87
Île de Port Cros 88
Île des Embiez 76–79, 86
Île d'If 62, 69, 72
Île d'Or 101, 115
Î. du Grand Rouveau 86
Île du Levant 89
Île du Petit Langoustier 88
Île Jaïre 73
Île Jaron 73
Île Lion de Terre 102, 115
Île Maire 73
Île Nadière 28
Île Petite 24
Île Pomègue 65, 69
Île Ratonneau 65, 69
Île Riou 73
Île Rousse 85
Île Saint-Honorat 129, 119
Île Sainte-Marguerite 129, 119
Île Saint-Martin 28
Îles de Frioul 69
Îles d'Hyères 87
Îles de Lérin 128, 119
Île Tiboulen 73
Île Vert 84
Îlot Lion de Mer 115
Îlot Tiboulen 69
Issambres-Ferréol, Port des 100, 114
Istres Saint-Martin 55

Jaïre, Île 73
Jaron, Île 73
Juan-les-Pins 131, 120
–, Port du Crouton 131, 120
–, Port Gallice 131, 120

La Bocca (Cannes) 118
La Chapelle 104, 116
La Ciotat 66, 84
La Condamine (Monaco) 146, 147, 150
La Calère, Port 104, 105, 117
La Garoupe 120
La Grande-Motte 38, 39, 51
La Lauze 31
La Lèque 46, 54
La Madrague des Lecques 75, 84
La Massanne 26
La Napoule-Plage 117
Langoustier, Baie du 88
La Rague 107, 117
–, Port de 106, 107, 117
La Seyne-sur-Mer 86
L'Aude 18, 19, 29
–, Grau-de-Vendres 18, 29

Lauron, Anse de 55
Lavandou, Port du 83, 89
Le Brusc 77, 86
Lecques, Baie des 84
Le Grau d'Agde 20, 30
Le Grau-du-Roi 40, 51
Le Lez 51
Le Port d'Alon 85
Lérins, Îles de 128, 119
Les Auffes (Marseille) 72
Les Baux 54
Les Engraviers 85
Les Lecques, Port 66, 84
L'Estaque (Marseille) 64, 71
Levant, Île du 89
Lilong, Anse de 123
Lion de Mer, Îlot 115
Lion de Terre, Île 102, 115

Madrague, Port de la (Marseille) 73
Maguelonne 51
Maire, Île 73
Mandelieu-La-Napoule 107, 106, 117
Marina Baie des Anges 133, 121
Marines de Cogolin 92–97, 112
Marma, Anse de la 89
Marseillan 31
Marseillan-Plage 32, 31
Marseille 62–65, 69–72
–, Les Auffes 72
–, L'Estaque 64, 71
–, Port de la Madrague 73
–, Port de Pointe Rouge 64, 72
–, Port du Frioul 62–65, 72
–, Port du Prado 72
–, Port du Prophète 72
–, Vieux Port 65, 71
Martigues 44, 55
Mas du Pont de Rousty 54
Massif des Maures 88
Massif d'Estérel 102, 103, 115
Mède, Port de la 55
Méjean, Calanque de 61, 69
Menton 148, 151
–, Garavan 149, 151
–, Ville 148, 151
Mèze 33, 48
Miou, Port 73
Miramar, Port de 83, 88
Monaco 142, 143, 145, 150
–, La Condamine 146, 147, 150
–, Port de Cap d'Ail 144, 150
–, Port de Fontvieille 144, 150
Montagne de Marseilleveye 73
Montpellier 50
Montredon 73
Mont St-Clair 48
Morgiou, Calanque de 73
Mouré-Rouge, Port du (Cannes) 126, 127, 119
Moutte, Baie de la 85

Nadière, Île 28
Narbonne 28
Narbonne-Plage 18, 28
Niel, Port du 87
Niolon, Port de 56, 57, 69
Nizza 134, 135, 122

Notre Dame, Anse de (Baie d'Alicastre) 87

Onglous, Port des 32, 31
Orb 19, 29
–, Port de l' 19, 29
Or, Île d' 101, 115
Oursinières, Port des 87

Palavas-les-Flots 36, 50
–, Port-sur-le-Lez 36, 51
Palm Beach, Port de (Cannes) 109, 129, 119
Palu, Anse de la 89
Parfait, Anse du 88
Passe des Grottes 89
Perpignan 26
Petite Passe 88
Petit Langoustier, Île du 88
Petit Rhône 47
Phare du Titan 89
Pic de l'Ours 116
Pierre Canto, Port (Cannes) 109, 118
Pin Roland, Port 86
Pisse Saumes 31
Plage d'Elmes 24
Plage de Pampelonne 110
Plage d'Hyères, Port de la 88
Plateau du Milieu 129, 119
Pointe de Fourmis 145
Pointe de la Croisette 109, 119
Pointe de la Désirade 71
Pointe de la Galère 88
Pte. de la Galère 117
Pte. de la Garonne 114
Pte. de la Gavinette 123
Pointe de la Tour Fondue 87
Pointe de l'Espiguette 53
Pointe de l'Oustaou-de-Diou 88
Pte. St-Marc 117
Pointe de Saint-Gervais 54
Pointe des Sardinaux 114
Pomègue, Île 65, 69
Porquerolles, Île de 80, 81, 87
–, Port de 80, 87
Port Ambonne 31
Port Ayguade-Ceinturon 88
Port Barcarès 12–14, 27
Port Bijou (Cannes) 109, 119
Port Carmargue 42, 43, 53
Port Cros, Île de 88
–, Port de 88
Port d'Agde 30
Port de Bormes-les-Mimosas 82, 83, 89
Port-de-Bouc 46, 54
Port de Boulouris 115
Port de Cap d'Ail (Monaco) 144, 150
Port de Cavalaire 92, 110
Port de Fontvieille (Monaco) 144, 150
Port de Fourmis 141, 123
Port de Gignac et La Redonne 61, 68
Port de la Capte 88
Port de la Coudourière 77, 86
Port de la Madrague (Marseille) 73

Port de la Mède 55
Port de la Plage d'Hyères 88
Port de La Rague 106, 107, 117
Port de la Salis 132, 133, 120
Port de l'Ayguade 89
Port de l'Orb 19, 29
Port de Miramar 83, 88
Port de Niolon 56, 57, 69
Port de Palm Beach (Cannes) 109, 129, 119
Port de Pointe Rouge (Marseille) 64, 72
Port de Porquerolles 80, 87
Port de Port Cros 88
Port de Poussail 115
Port de Saint-Chamas 55
Port de Saint-Mandrier 86
Port des Embiez 76–79, 86
Port des Goudes 73
Port des Issambres-Ferréol 100, 114
Port des Onglous 32, 31
Port des Oursinières 87
Port des Salettes 87
Port du Crouton (Juan-les-Pins) 131, 120
Port du Frioul 73
Port du Frioul (Marseille) 63–65, 72
Port du Lavandou 83, 89
Port du Mouré-Rouge (Cannes) 126, 127, 119
Port du Niel 87
Port du Pradet 89
Port du Prado (Marseille) 72
Port du Prophète (Marseille) 72
Port du Rouet 68
Port Gallice (Juan-les-Pins) 131, 120
Port Grimaud 92–97, 112
Port La Galère 104, 105, 117
Port-la-Nouvelle 37
Port Les Lecques 66, 84
Port Leucate 15, 27
Port Man, Baie de 89
Port Miou 73
Port Pierre Canto (Cannes) 109, 118
Port Pin Roland 86
Port Pothuau 88
Port Pradeau (La Tour Fondue) 87
Port Saint-Gervais 46, 47, 54
Port Saint-Jean 67, 84
Port Saint-Louis du Mourillon 87
Port Saint-Louis-du-Rhône 47, 54
Port Vauban (Antibes) 133, 120
Port Vendres 6–8, 24
Pothuau, Port 88
Poussail, Port de 115
Pradet, Port du 89
Prado, Port du (Marseille) 72
Prophète, Port du (Marseille) 72

Rade d'Agay 104, 116
Rade de la Badine 88
Rade de Marseille 69
Rade de Toulon 86
Rade de Villefranche 136, 137, 123
Rade d'Hyères 88
Ratonneau, Île 65, 69
Rhône 54
Riou, Île 73
Rocher St-Pierre 28
Roquebrune 151
–, Baie de 151
Rouet, Port du 68

Sablettes, Anse des 86
Safari Sigean 28
St-Cyr-les-Lecques 84
Saint-Aygulf 114
Saint-Chamas, Port de 55
Saint-Cyprien 9–11, 26
Saint-Elme 86
Sainte-Marguerite, Île 129, 119
Sainte Maxime 92, 93, 98, 99, 113
Saintes-Maries-de-la-Mer 45, 53
Saint-Gervais, Port 46, 47, 54
Saint-Honorat, Île 129, 119
Saint-Jean-Cap-Ferrat 140, 123
Saint-Jean, Port 67, 84
Saint-Laurent-du-Var 138, 139, 121
Saint-Louis du Mourillon, Port 87
Saint-Louis-du-Rhône, Port 47, 54
Saint-Mandrier 86
–, Port de 86
Saint-Martin 28
–, Île 28
Saint-Raphaël 100, 114
–, Port de Santa Lucia 102, 115
–, Vieux Port 100, 114
Saint-Tropez 90–93, 111
Salettes, Port de 87
Salis, Port de la 132, 133, 120
Sanary-sur-Mer 75, 85
San Peïre Les Issambres 101, 114
Sausset-les-Pins 58, 59, 68
Sète 34, 35, 48
Silva Maris 145
Sormiou, Calanque de 73

Tête 27
Théoule-sur-Mer 104, 117
They de la Gracieuse 54
Tiboulen, Île 73
Tiboulen, Îlot 69
Toulon 86
–, alter Hafen 87
–, Darse du Mourillon 87

Vallauris 120
Valras-Plage 19, 29
Villefranche, Rade de 136, 137, 123
Villefranche-sur-Mer 139, 123

Italienische Riviera

Alassio 160, 161, 169
Albenga 169

Andora, Marina di 159–161, 168
Arenzano 165, 171
Argentina 156, 167
Arma di Taggia 156, 167

Baia delle Favole (Sestri Levante) 182, 189
Baia del Silenzio (Sestri Levante) 182, 189
Bocadasse (Genua) 175, 172
Bogliasco 172
Bonassola 190
Bordighera 154, 166

Camogli 177, 172
Capo Arenzano 171
Capo Berta 158
Capo Cervo 158, 168
Capo dell'Arma 166
Capo di Noli 162, 163, 170
Capo di Vado 170
Capo Mele 160, 161, 168
Capo Mortola 166
Capo Nero 166
Capo Pini, Porticciolo di 166
Capo San Ampelio 166
Capo San Croce 160, 161, 169
Cervo 158
Chiavari 180, 181, 189
Cinque Terre 190
Corniglia 190

Deiva Marina 190
Diano Marina 158, 159, 168

Entella 189

Favole, Baia delle (Sestri Levante) 182, 189
Finalborgo 169
Finale Ligure 161–164, 169
Finale Pia 169
Finale Marina 169

Gallinara, Isola 160, 161, 169
Genua 174, 175, 171
–, Bocadasse 175, 172
–, Darsena della Fiera 172
–, Duca degli Abruzzi 174, 175, 172
–, Sestri 175, 171
Golfo di La Spezia 184–187, 191
Golfo Paradiso 172
Golfo Tigullio 180, 181, 173, 188, 189

Imperia 156, 157, 167
–, Oneglia 156, 157, 168
–, Porto Maurizio 156, 157, 168
Isola del Tino 186, 191
Isola Gallinara 160, 161, 169
Isola Palmaria 184, 185, 191

La Spezia 191
–, Golfo di 184–187, 191
–, Le Grazie 192
Lavagna 180, 181, 189
Le Grazie (La Spezia) 192

Lerici 186, 192
Levanto 190
Loano 161, 162, 169

Manarola 190
Marina di Andora 159–161, 168
Moneglia 190
Monterosso al Mare 190

Nervi 176, 172
Noli 170

Oneglia (Imperia) 156, 157, 168

Palmaria, Isola 184, 185, 191
Paradiso, Golfo 172
Porticciolo di Capo Pini 166
Portofino 178, 179, 173
–, Promontorio di 173
Porto Maurizio (Imperia) 156, 157, 168
Porto Sole (San Remo) 152–155, 166
Portovenere 184–187, 191
Promontorio di Portofino 173
Punta Baffe 190
Punta Crena 162, 163
Punta dell'Coppo 188
Punta di Sestri 180, 181, 189
Punta Manara 190
Punta Mesco 190
Punta Portofino 188
Punta San Donato 164, 170
Punta San Pietro 184, 185, 191

Punta Santa Maria 192
Punta Santa Teresa 192

Rada di Vado 170
Rapallo 178, 188
Riomaggiore 182, 190, 191
Riva Trigoso 190
Roja 166
Rovere 158

San Bartolomeo al Mare 158
San Fruttuoso 176, 173
San Lorenzo al Mare 167
San Remo 152–155, 166
–, Porto Communale 152–155, 166
–, Porto Sole 152–155, 166
Santa Margherita Ligure 178, 188
Savona 164, 170
Seno Canne 188
Sestri Levante 182, 189
–, Baia delle Favole 182, 189
–, Baia del Silenzio 182, 189

Taggia 167
Tigullio, Golfo 180, 181, 173, 188, 189
Tino, Isola del 186, 191

Vado, Rada di 170
Varazze 170
Varigotti 162, 163, 169
Vernazza 183, 190
Ventimiglia 166

Der Autor wie der Verlag übernehmen für Irrtümer, Fehler oder Weglassungen keinerlei Gewährleistung oder Haftung. Die Fotos dienen zur Orientierung und nicht zur Navigation; sie ersetzen also keineswegs See- beziehungsweise Wassersportkarten und andere offizielle nautische Unterlagen.

ISBN 3-7688-0574-3

Printed in Germany 1987
Lithographie: Service vor dem Druck, Bielefeld
Gesamtherstellung: Mohndruck, Gütersloh